꼬리에 꼬리를 무는
자원 전쟁
이야기

자원은 세계를 어떻게 움직였을까

꼬리에 꼬리를 무는
자원 전쟁 이야기

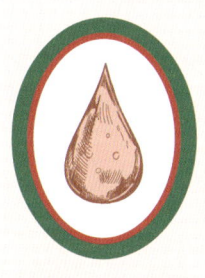

안민호 지음

주니어태학

책을 내며

"자원이 많으면 부자 나라 아닌가요?"
"자원이라면 석유나 천연가스를 말하는 거죠?"

수업 시간에 이런 질문을 자주 받습니다. 당연한 물음이지만, 우리가 얼마나 단순하게 세상을 바라보고 있는지 드러내는 질문이기도 하지요. 이 책은 바로 그 단순한 시선에 대한 고민에서 출발했습니다.

자원은 생각보다 훨씬 복잡한 세계입니다. 한 나라의 운명을 바꾸기도 하고, 전쟁을 일으키기도 하며, 어떤 사람에게는 기회가 되고, 또 다른 사람에게는 저주가 되기도 합니다. 석유 한 방울, 밀 한 톨, 스마트폰 속 희토류 하나에도 정치, 경제, 환경, 그리고 인간의 욕망이 얽혀 있습니다.

《꼬리에 꼬리를 무는 자원 전쟁 이야기》는 그 얽힘의 실마리를 찾아 풀어 가는 여정입니다. 아프리카 석유에서 출발해 아시아의 희토류, 유럽의 에너지, 아메리카의 셰일 혁명과 식량 자원, 그리고 극지방의 얼음 아래 자원까지, 각 대륙의 자원 이야기를 따라가노라면 결국 '사람의 이야기'에 닿게 됩니다. 저는 이 책을 통해 흔히 아는 자원의 개념을 넘어, 자원이 어떻게 권력과 정치, 그리고 우리 일상과 맞닿아 있는지를 보여 주고 싶었습니다.

이 책은 정답을 제시하지 않습니다. 다만, 우리가 매일 손에 쥐는 스마트폰, 매일 먹는 빵 한 조각, 그리고 매일 쓰는 전기의 뒤편에 누군가의 삶이 어떻게 연결되어 있는지 함께 생각해 보자고 이끕니다. 이 연결 고리를 따라가다 보면, '자원이란 무엇인가'라는 질문은 시나브로 '우리가 사는 세상은 어떤 구조인가'라는 질문으로 바뀌게 될지 모르겠습니다.

세상은 생각보다 복잡하게 연결되어 있습니다. 그 실타래를 풀어 조금 더 명확히 세상을 바라볼 수 있다면, 우리가 사는 시대의 문제를 조금은 다르게 이해할 수 있지 않을까요.

2025년 겨울, 안민호

차례

주요 자원 전쟁 격전지

문화 자원이
풍부한 유럽

천연가스 부국 러시아에
맞선 유럽

에너지 경쟁에 돌입한
독일과 프랑스

인적 자원으로
일어선 한국

희토류로 세계를
흔드는 중국

전기 부족에 시달리는
나이지리아

검은 황금의 흥망성쇠
서남아시아

물 자원을 놓고
분쟁하는 메콩강

핏빛 다이아몬드
시에라리온

중국의 자원외교가
펼쳐지는 잠비아

최후의 자원 격전지 북극해

세계의 빵 공장 아메리카

석유가 절박했던 일본이 공습한 진주만

셰일 혁명이 일어난 미국

지구의 허파 아마존 열대우림

남획, 불법 조업이 판치는 태평양

기술 부족으로 자원을 활용하지 못하는 남아메리카

최후의 자원 격전지 남극 대륙

일본은 왜 진주만을 공습했을까

1941년 12월 7일 새벽, 하와이 오아후섬에서 북쪽으로 약 370킬로미터 떨어진 태평양 한가운데에 항공모함 아카기호가 떠 있습니다. 비록 추운 날씨였지만 갑판에는 열기가 감돌았습니다. 막 해가 떠오르자 스물한 살의 조종사 다나카 겐지 소위는 자신의 제로센 전투기 앞에 섰습니다.

전투기들의 엔진 예열음이 고막을 찢을 듯 울려 퍼졌습니다. 겐지의 심장도 크게 고동쳤습니다. 겐지는 웃옷 주머니에 든 어머니의 빛바랜 사진을 슬쩍 꺼내 보았습니다. '반드시 살아서 돌아가야 한다!' 그는 애써 다른 생각을 떨쳐 냈습니다.

상부에선 이번 작전이 어려움을 겪고 있는 현재 상황을 해결할 결정적인 한 수가 될 것이라고 했습니다. 엄청난 규모의 함대가 동원

되었고, 모든 것이 철저히 비밀리에 진행되었습니다. 하지만 겐지 같은 젊은 조종사들은 이 작전의 진짜 속내를 알지 못했습니다. 그저 조국을 위해 명령에 따랐을 뿐이죠.

"전 비행대, 발진 개시!"

겐지와 수백 명의 동료가 향한 곳은 바로 미국 하와이의 진주만이었습니다. 그곳에 정박한 미국 함대를 공습하는 것이 그들의 임무였습니다. 이른 아침의 고요를 깨뜨린 이 공습은 '잠자는 거인' 미국을 제2차 세계대전이라는 소용돌이로 끌어들이는 결정적인 도화선이 되었습니다.

자원 전쟁의 서막

일본의 진주만 공습을 보통 일본이 아시아를 넘어 태평양까지 세력을 넓히려던 시도로 해석합니다. 그런데 다른 이유도 있었습니다. '석유'를 확보하기 위해 진주만을 공습했다는 것입니다.

당시 일본은 대동아공영권이라는 미명 아래 아시아 지역을 점령해 갔습니다. 먼저 이웃한 우리나라를 식민지로 삼고 곧이어 만주 지역까지 쳐들어갔죠. 중국과 전쟁을 벌여 내륙 깊숙이 잠식해 갔습니다.

점령한 땅은 점점 더 넓어졌는데 문제는 전쟁이 끝날 기미를 보이지 않는다는 겁니다. 일본은 전쟁을 지속하려면 어마어마한 양의 자원이 필요했습니다. 그중에서도 석유가 가장 절실했죠. 전투기를 띄우고, 군함을 움직이고, 탱크를 굴릴 뿐 아니라 각종 전쟁 물자를 생산하는 공장을 돌리는 데 꼭 필요한 것이 석유였으니까요.

일본 본토에서는 석유가 거의 나지 않았습니다. 어디에서 석유를 들여왔을까요? 바로 미국입니다. 필요한 석유의 80퍼센트 이상을 미국에서 수입했습니다.

일본이 중국을 넘어 베트남·라오스·캄보디아가 위치한 인도차이나반도까지 세력을 뻗치자, 미국은 더는 가만히 있지 않았습니다. 미국에게 인도차이나반도는 태평양과 동남아시아를 잇는 전략적 요충지입니다. 그런 곳을 일본이 장악할 경우, 미국은 자국의 식민지 필리핀이 위험해지고 또한 동남아시아에서 자신들의 영향력이 약해질 수 있다고 우려합니다. 그래서 일본이 더 세력을 뻗치는 것을 막기 위해 일본에 석유, 철강 등의 수출을 금지해 버립니다. 일본은 눈앞이 캄캄해졌죠. 당장 전투기, 군함 등에 넣을 연료가 끊길 상황이니까요.

일본은 선택의 갈림길에 섰습니다. 미국의 요구대로 전쟁을 멈추고 지금까지 얻은 것들을 포기할 것인가, 아니면 새로운 석유 공급처를 찾아 나설 것인가. 일본은 후자를 선택했습니다. 석유가 풍부하게 매장된 동남아시아, 특히 지금의 인도네시아 일대의 유전을 무력으로 장악하기로 한 겁니다. 그러자면 자신들의 동남아시아 진출을 방해할 수도 있는 미국의 태평양 함대를 먼저 제압해야 했습니다.

이처럼 일본의 진주만 공습 이면에는 석유라는 자원을 쟁탈하려는 야욕이 도사리고 있었습니다. 공습의 결과는 어땠을까요? 모두 알다시피 일본은 패망만 앞당겼습니다. 이처럼 자원 부족으로 인한 절박함은 때때로 국가를 무모하고 위험한 길로 내몹니다.

일본은 부족한 석유 때문에 진주만 공습이라는 역사적인 오판을 내렸습니다. 그리고 불행해졌죠. 그렇다면 자원이 풍부한 나라는 늘 행복한 결말에 이르렀을까요? 꼭 그렇지는 않습니다. 다이아몬드, 희토류 같은 값비싼 자원들이 축복이 아니라 오히려 재앙이 되는 경우를 자주 볼 수 있으니까요.

'자원의 저주'라는 말을 들어 보았나요? 이 말을 처음 쓴 사람은 영국 경제학자 리처드 오티Richard Auty입니다. 자원의 저주는 천연자원이 풍부한 나라가 되레 빈곤, 정치적 불안정, 민주주의 후퇴 등의 부정적인 현상을 겪는 '역설적인' 상황을 가리키는 말입니다. 의아하죠? 자원이 풍부하면 더 잘살고 행복할 것 같은데, 왜 이런 현상이 나타나는 것일까요? 그 답을 찾아 먼저, 아프리카 대륙으로 가 보겠습니다.

1장

아프리카

왜 석유가 많은데 쓸 전기는 부족할까

나이지리아 vs 거대 석유 기업

나이지리아의 최대 도시 라고스의 한 가정집.

열여섯 살인 아이샤는 저녁을 먹은 후 다음 주에 있을 수학 시험을 준비하고 있었습니다. 한창 문제를 풀고 있는데 "픽!" 하는 소리와 함께 전기가 나갔지 뭡니까.

"아, 또야?"

아이샤는 한숨을 내쉬었습니다. 한두 번 겪은 일이 아니지만 시험이 코앞이라 짜증과 불안감이 밀려왔습니다. 창밖에도 불빛은 보이지 않았습니다. 여기저기서 자가 발전기 돌아가는 소리만 요란하게 들려왔지요. 안타깝게도 아이샤의 집에는 발전기가 없습니다. 워낙 비싸서 들여놓을 형편이 안 되었거든요.

아이샤의 어머니는 더듬거리며 등유 램프를 찾아 불을 붙였습니다. 그을음과 매캐한 냄새가 방 안에 퍼졌습니다. 램프의 흔들리는 불빛 아래서는 눈이 아파 공부하기가 어려웠습니다.

아이샤는 답답한 마음에 창밖을 바라보았습니다. 아마도 저 멀리 보이는 라고스 항구에는 밤새 거대한 석유 기업의 유조선들이 환한 빛을 내며 분주히 드나들고 있을 겁니다. 이 유조선들은 나이지리아에서 채굴한 석유를 가득 싣고 세계 각지로 떠납니다.

'우리나라에는 저렇게 석유가 많은데, 왜 우리는 툭하면 정전 속에서 살아야 하지? 왜 밤에 마음 놓고 공부도 할 수 없느냔 말야!'

아이샤만 이런 불만을 터뜨리는 것이 아닙니다. 나이지리아 국민 대다수가 이런 생각을 했습니다. 나이지리아는 왜 이렇게 된 것일까요? 대답하기 전에 먼저 '자원'이란 무엇이고, 어떤 특성이 있는지 짚어 볼게요.

자원이 뭐지

보통 자원은 크게 천연자원, 인적 자원, 문화 자원 3종류로 나뉩니다. 천연자원은 자연 그대로 존재하는 것을 말하는데, 아이샤의 사례에서 언급한 석유가 대표적입니다. 인적 자원은 단순히 일하는 사람을 넘어, 사람이 가진 지식, 기술, 창의성 그 자체를 뜻합니다. 노동력뿐만 아니라 엔지니어, 예술가, 경영자 등 가치를 창출하는 모든 사람이 여기에 포함됩니다. 문화 자원은 박물관·미술관·유적지·전통 마을·지역 축제 등 인류의 생활을 구성하는 예술·종교·전통·건축물·법 등을 아우르는 것입니다.

이 책에서는 인적 자원과 문화 자원도 다루지만 주로 천연자원을 다루려고 합니다. 천연자원은 다시 석유나 석탄, 천연가스 같은 '에너지 자원'과 철·구리·다이아몬드·희토류 같은 '광물 자원' 그리고 쌀·밀·옥수수 같은 '식량 자원'으로 나뉩니다. 에너지 자원은 인간 생활에 필요한 에너지를 생산하는 데 사용되는 자원을 말하는데 석유·석탄·천연가스 등이 대표적이고 태양열·풍력·수력 등에서 얻을 수 있는 재생 에너지까지 포함합니다. 광물 자원은 금속 광물(철, 구리 등)과 비금속 광물(석회석, 소금 등)로 분류할 수 있는데, 이들은 다양한 산업에서 원재료로 활용됩니다. 철광석으로는 다양한 철강 제품을 생산하며, 석회석으로는 건축 자재인 시멘트와 콘크리트를 생산합니다. 구리는 전선의 주요한 재료가 되죠.

식량 자원은 인류가 생존하고 활동하는 데 필요한 영양분을 제공하는 모든 자원을 의미합니다. 쌀과 밀·옥수수 등의 곡물이 대표적이고 돼지고기·닭고기·소고기 등도 중요한 식량 자원이죠.

천연자원은 지구 전체에 고르게 퍼져 있지 않다. 이것이 자원 전쟁이 일어나는 원인 중 하나다. 사진은 사우디아라비아의 서부 도시 제다 풍경. 사우디아라비아는 서남아시아에서 석유가 가장 많이 생산되는 나라다.

자원 전쟁은 왜 일어날까

천연자원은 몇 가지 특성을 갖고 있습니다. 이 특성들이 '자원 전쟁'이 일어나는 근본 원인이 됩니다. 어떤 것들인지 살펴볼게요.

첫 번째 특성은, 천연자원은 지구에 고르게 분포되어 있지 않다는 것입니다. 이런 특성을 '편재성'이라고 합니다. 마치 신이 특정 지역에만 천연자원을 몰아준 것처럼 말이죠. 예를 들면 석유는 서남아시아에 집중되어 있고, 스마트폰 같은 첨단 제품에 꼭 들어가는 희토류는 중국, 브라질 등지에 집중적으로 매장되어 있습니다. 이렇게 자원이 특정 지역에만 있기 때문에 이 자원을 차지하기 위해 국가, 집단 간에 싸움이 벌어집니다.

두 번째 특성은, 천연자원 특히 에너지 자원과 광물 자원은 끝없이 채굴할 수 있는 것이 아니라는 사실입니다. 천연자원은 언젠가는 고갈됩니다. 이런 특성을 '유한성'이라고 합니다. 유한성 때문에 자원의 가치가 높아져 서로 차지하려고 전쟁도 마다하지 않게 됩니다.

세 번째 특성은, 자원의 가격이 매우 변덕스럽다는 사실입니다. 이런 특성을 '가격 변동성'이라고 합니다. 국제 정치나 경제 상황에 따라, 혹은 새로운 기술이 개발되어 대체재가 나타나거나 하면 하루아침에 가격이 롤러코스터처럼 오르락내리락하거든요. 자국에 석유가 많이 매장되어 있다고 해서 그것에만 의존하면 가격 변동성 탓에 국가 전체가 휘청거릴 수 있으니 조심해야 합니다.

네 번째 특성은, 천연자원은 가공해 써야 하기 때문에 가공 기술이 없는 나라는 다른 나라에 종속될 가능성이 크다는 것입니다. 이런 특성을 '개발 의존성'이라고 합니다. 땅속에 귀한 자원이 묻혀 있다고 해서 그것이 저절로 황금알을 낳는 거위가 되는 것은 아닙니다. 그 자원을 찾아내고, 캐내고, 쓸모 있게 만들고, 필요한 곳에 운반하기까지 여러 기술과 막대한 자본 등이 필요하지요. 기술과 자본이 부족한 국가는 자원이 풍부해도 제대로 활용하지 못합니다. 외국 기업이나 자본에 의존하게 되고 개발로 얻은 이익의 상당 부분을 이들에게 넘겨주고 맙니다. 결국 경제적으로 자본과 기술을 가진 외국에 종속되고 말지요.

왜 가난할까

나이지리아의 이야기로 돌아가 보겠습니다. 나이지리아는 아프리카에서 석유가 2번째로 많이 매장된 나라입니다. 약 370억 배럴로 추정됩니다. 나이지리아는 하루 평균 150만~200만 배럴을 생산해 세계 시장에 공급하고 있는데, 그 양은 세계 석유 수출량의 약 3퍼센트에 달합니다.

이렇게 석유가 많이 나는데도 나이지리아 사람들은 석유 혜택을 제대로 누리지 못합니다. 2024년 기준 나이지리아 1인당 국민소득은 약 2400달러(한화로 약 350만 원)로 국민은 아주 가난하지요. 석유로 생산하는 전력 보급률은 60퍼센트에도 미치지 못하고 그마저도 아이샤의 사례처럼 툭하면 정전이 발생할 정도로 불안정합니다.

나이저강 삼각주

나이지리아 남부 해안으로, 나이저강이 기니만으로 흘러드는 지역을 이른다. 9개 주(아비아·아콰이봄·바이엘사·크로스리버·델타·에도·이모·온도·리버스)가 여기에 속하고, 면적은 약 7만 제곱킬로미터에 달한다. 전체를 아우른 모습이 삼각형이어서 삼각주라고 한다.

왜 이렇게 된 걸까요? 우선 나이지리아 석유는 남부 나이저강 삼각주 일대에 주로 매장되어 있습니다. 남부 주민은 석유 덕분에 비교적 윤택하게 살지만, 상대적으로 석유가 부족한 북부 주민의 삶은 그렇지 못했습니다. 국민 사이의 소득 격차가 커졌죠. 또 나이지리아는 석유를 채굴할 기술과 자본이 부족해 셸, 엑손모빌 등 외국의 거대 석유 기업에 의존했습니다. 석유를 팔아 이 기업들의 배를 채워 준 셈이죠. 정부는 정부대로 석유로 벌어들인 돈을 착복했고요. 결국 석유로 생긴 이익이 대다수 국민에게는 돌아가지 않았던 겁니다.

게다가 오르락내리락하는 석유 값은 나이지리아 경제를 더욱 불안정하게 했습니다. 국제 유가가 높을 때는 국가 재정이 넉넉해지다가, 유가가 폭락하면 급격히 나빠지기를 반복했지요. 석유 수출에만 의존하다 보니 농업이나 제조업 같은 다른 산업은 경쟁력을 잃었고요.

나이저강 유역

사하라 사막

말리

나이저강

니제르

베냉

나이지리아

대서양

기니만

나이저강 삼각주

나이지리아의 보마디 다리에서 바라본 나이저강

절도 과정에서 일어나는 일

이뿐인가요. 석유 개발 과정에서 환경도 심각하게 파괴되었습니다. 나이저강 삼각주 일대는 기름 유출 사고가 잦은 곳으로 악명이 높습니다. 단순히 오래되고 낡은 송유관이 망가져 생긴 사고가 아닙니다. 석유 절도 과정에서 기름이 유출되는 일이 더 많습니다. 석유 절도라니 놀랍죠? 나이저강 삼각주 일대는 정글과 수많은 하천이 복잡하게 얽혀 있습니다. 이런 지형 특성을 간파한 절도범들이 주요 송유관에 몰래 구멍을 뚫거나 송유관 밸브를 조작해 원유를 대량으로 빼돌립니다. 나이지리아에서는 일명 벙커링bunkering이라는 석유 절도가 공공연하게 자행되고 있습니다. 절도범들은 훔친 석유를 소형 유조선에 실어 국제 암시장에 팝니다. 또는 지역 깊숙한 곳에 숨겨진 수많은 불법 간이 정제소에서 휘발유나 등유 등으로 정제해 유통시키죠. 나이지리아는 석유를 수출하는 국가지만, 정작 합법적인 정제소는 부족해 정제된 휘발유를 대부분 해외에서 수입합니다. 아프리카 최대의 산유국인데도 나이지리아 국민은 수입한 휘발유는 비싸 쓰지 못하고 불법으로 정제, 유통되는 휘발유를 쓰고 있지요.

문제는 석유 절도 과정에서 환경이 오염된다는 사실입니다. 절도범들이 송유관을 훼손하는 바람에 엄청난 양의 원유가 유출되어 환경이 오염되는 것은 물론이고, 불법 정제 과정에서 발생한 황을 비롯한 각종 폐기물이 아무 처리 없이 하천이나 토양으로 마구 버려집니다.

맹그로브 숲에 숨겨진, 훔친 원유가 실린 보트와 바지선. 나이지리아는 아프리카에서 석유 1위 생산 국이지만 국민 대부분이 극빈하게 살고 있다. 빈곤한 일부 주민들은 돈을 벌기 위해 원유를 절도하고 그 과정에서 원유가 새어 나와 환경이 파괴된다.

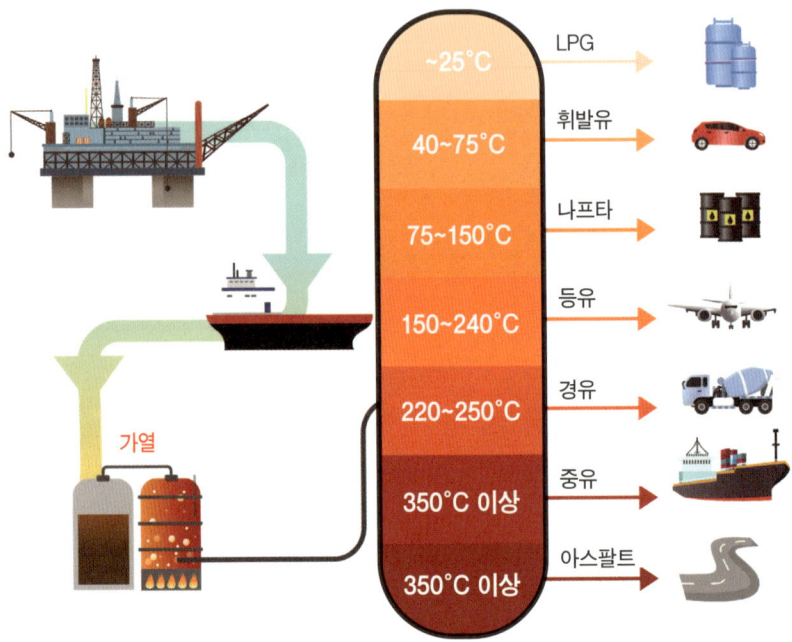

LPG ~25℃

휘발유 40~75℃

나프타 75~150℃

등유 150~240℃

경유 220~250℃

중유 350℃ 이상

아스팔트 350℃ 이상

가열

석유 정제 과정. 막 뽑아 올린 원유는 바로 못 쓴다. 반드시 정제 과정을 거쳐야 한다. 정제 과정은 쉽게 말하면 원유를 끓이는 과정인데 끓는점에 따라 휘발유, 경유, 중유, 아스팔트 등으로 나뉜다.

유출된 원유는 정글을 시커멓게 뒤덮어 버립니다. 농경지는 더는 작물을 키울 수 없는 죽음의 땅이 되어 버리죠. 기름에 오염된 물에서는 물고기가 숨이 막혀 떼죽음을 당하고, 새들은 기름 범벅이 되어 날지 못합니다. 불이라도 나면 기름이 스며들어 있던 숲은 순식간에 잿더미로 변하고 그 과정에서 유독 가스가 뿜어져 나와 공기가 오염됩니다. 오염된 물과 땅, 공기는 결국 지역 주민들을 병들게 하고요. 주민들은 각종 피부병과 호흡기·신경계 질환에 시달립니다.

결국 나이지리아에서 석유라는 자원은 석유로 막대한 이익을 보려는 거대 석유 기업과 석유를 훔치려는 자들, 그리고 지역 주민들 간에 갈등과 폭력을 끊임없이 불러일으키는 불씨가 되었습니다. 석유라는 자원의 저주가 계속되고 있는 것이죠.

그런데 아프리카가 겪는 자원의 저주는 석유에서 멈추지 않습니다. 아프리카에는 다양한 천연자원이 매장되어 있습니다. 또 다른 자원의 저주에 시달릴 수 있다는 말이지요. 그 자원들 중 하나가 반짝이는 돌멩이이자 영원을 상징하는 보석 다이아몬드입니다. 다음은 다이아몬드 때문에 오랫동안 나라가 핏빛 전쟁터가 된 시에라리온 이야기입니다.

왜 시에라리온의 다이아몬드는 핏빛일까

→ 정부군 vs 반군

후텁지근한 공기가 무겁게 내려앉은 시에라리온의 정글 코노 지역의 한 강변.

열두 살 이스마엘은 자신보다 더 커 보이는 소총을 힘겹게 움켜쥐고 있습니다. 며칠 전 이스마엘이 살던 마을은 반군에게 습격당했습니다. 이스마엘 부모님은 총살당했고 이스마엘은 반군에 끌려갔습니다. 그러곤 난생처음 총을 들고 '싸우는 법'을 강요당했습니다. 지금 이스마엘은 두려움에 덜덜 떨며 지휘관의 다음 명령을 기다리고 있습니다.

이스마엘이 잡혀간 곳에는 이스마엘 또래 수십 명이 있었습니다. 아이들 눈빛은 몽롱했습니다. 반군들은 아이들에게 종종 마약을 주사하거나 먹였습니다. 약기운을 빌려 싸우게 하려고 말이지요.

이 아이들은 누구와 싸우는 것일까요? 다이아몬드 광산을 노리는 정부군입니다. 강 건너편에서 무언가 움직였습니다. 정부군 같았습니다.

정부군과 반군

정부군은 국가를 통치하는 정부가 공식적으로 통제하는 군대를, 반군은 정부에 반대하여 저항하거나 반란을 일으키는 조직화된 집단을 말한다. 주로 내전이 벌어지는 국가에서 정부군과 반군 간에 무력 충돌이 발생한다.

"쏴라! 모두 쏴!"

지휘관의 고함 소리와 함께 총성이 울려 퍼졌습니다. 이스마엘은 무엇을 향해 쏘는지도 모른 채 그저 살기 위해 방아쇠를 당겼습니다. 총성과 비명 소리, 아이들의 울음소리가 뒤엉켰습니다. 이 총격전이 끝나면, 살아남은 아이들은 다시 강바닥에서 다이아몬드를 캐거나 다음 전투를 위해 끌려갈 것입니다. 문득 이스마엘은 생각했습니다.

'왜 우리는 서로 죽여야 하는 걸까? 저들이 말하는 그 반짝이는 돌멩이가 대체 뭐길래…'

긴 내전의 시간

보석 중의 보석, 다이아몬드. 아름다움과 영원을 상징하는 이 보석이 어떻게 이토록 잔혹한 비극의 씨앗이 될 수 있었을까요? 이를

19세기 말 서구 열강은 서로 아프리카를 차지하려 했고, 아프리카를 나누는 규칙을 정하기 위해 모인 자리가 1884년 열린 베를린 회담이다. 서구 열강이 멋대로 그은 국경선 때문에 지금도 아프리카는 내전, 국경 분쟁을 겪고 있다. 그림은 콩고를 어느 나라가 식민지로 삼을지 회의하는 장면 Adalbert von Roessler 작품

알려면 먼저 시에라리온의 역사부터 알아야 합니다.

19세기에 영국·프랑스·독일·벨기에·이탈리아·포르투갈·에스파냐 등의 서구 열강은 다른 나라들의 땅따먹기에 열을 올리고 있었습니다. 그중 한 곳이 아프리카였죠. 서구 열강은 1884년 베를린 회담을 통해 아프리카 대륙을 식민지로 나누어 가졌습니다. 베를린 회담은 1884~1885년에 아프리카를 어떻게 분할할지 합의하기 위해 열린 회의인데, 독일 베를린에서 열려 베를린 회담이라고 합니다.

시에라리온은 18세기까지 아프리카 노예 무역의 중심지 중 하나였습니다. 1787년 영국의 인도주의자들과 노예제 폐지론자들이 런던에 있던 해방된 흑인과 노예 신분에서 풀려난 사람들을 아프리카로 이주시키려고 했습니다. 그곳이 시에라리온의 해안 지역이었고, 이후 그곳을 프리타운Freetown 즉 '자유의 도시'라고 했지요.

1807년 영국은 대서양 노예 무역을 공식적으로 금지합니다. 이후 영국 해군은 서아프리카 연안을 순찰하면서 불법 노예선을 단속했고, 그 과정에서 프리타운을 해방 노예들의 정착지로 삼았습니다. 프리타운은 점차 해방 노예들이 모여 사는 중심지가 되었고, 영국 행정의 거점으로 발전했습니다.

1808년 프리타운과 그 주변 지역이 영국의 직할 식민지가 되었습니다. 이후 베를린 회담을 거쳐 영국은 시에라리온 전역을 식민지로 삼습니다. 시에라리온에는 여러 종족이 살고 있었는데 이런 점을 감안하지 않고 마음대로 국경을 긋는 바람에 나중에 분쟁이 일어납니다.

오랫동안 사이가 나빴던 종족이 강대국들이 마음대로 그은 국경선 때문에 어느 날 같은 국가 국민으로 묶인다면, 이들 간의 갈등은 내전으로 발전할 수밖에 없습니다. 이런 현실에서 정치가 불안정하고 정부의 부패까지 심하다면 어떨까요. 국민의 불만이 깊어질 겁니다. 급기야 정부에 반대하는 무장 세력 즉 반군이 등장하고요. 시에라리온도 그 과정을 거쳐 왔습니다. 시에라리온은 1991년부터 2002년까지 10여 년간 정부군과 반군이 내전을 벌였습니다.

좀 더 자세히 살펴보면, 1991년 군인 출신 포다이 상코Foday Sankoh가 '부패 정부 타도'라는 명분을 내걸고 혁명연합전선RUF이라는 반군을 조직해 들고일어났습니다. 사실 상코는 시에라리온의 풍부한 다이아몬드 자원을 장악해 권력을 잡으려고 했습니다. 상코가 이끄는 반군은 다이아몬드가 많이 매장된 동부의 코고 지역 같은 주요 광산 지대를 무력으로 점령하고, 주민들을 위협해 강제 노동을 시켰습니다. 주민들이 반항하면 무자비하게 학살했습니다. 이렇게 채굴된 다이아몬드는 반군의 자금줄이 되었습니다.

이 과정에서 이웃 나라 라이베리아의 악명 높은 독재자 찰스 테일러Charles Taylor가 상코의 반군을 도왔습니다. 테일러의 지원을 받은 상코의 반군은 주민들을 동원해 더 많은 다이아몬드를 착취할 수 있었습니다. 보통 유럽을 비롯한 서구 열강만 아프리카를 수탈한 것으로 생각하는데, 이 경우처럼 아프리카 국가들 사이에서 일어난 수탈

반군 지도자 상코. 다이아몬드를 팔아 전쟁 자금을 마련했다. 다이아몬드 광산을 강탈하고 그곳에서 지역 주민들을 강제로 노동시켰다. 아이들까지 납치해 다이아몬드를 캐게 하거나 강제로 소년병이 되게 했다. 내전 기간에 상코와 반군은 강간, 살육, 민간인의 손목이나 발목을 절단하는 등극도로 잔인한 범죄를 저질렀다. 그런데도 상코는 내전이 끝난 후 아무 처벌을 받지 않았고 도리어 부통령까지 된다. 많은 국민이 분노했고 상코의 집 앞으로 몰려가 항의했다. 그 과정에서 상코의 경호원이 시위대에 발포해 20여 명이 사망했다. 이 사건으로 시위가 더 격렬해졌고 결국 상코는 체포된다. 상코가 체포된 날 시에라리온 전역에서 대규모 축하 행사가 열렸다. 시에라리온 국민이 상코와 반군을 어떻게 생각했는지 알 수 있는 장면이다. 상코는 시에라리온 특별 재판소에서 아동 강제 징집 및 사용, 강간 등 17가지 혐의로 기소되었고, 재판이 진행되기 전인 2003년 지병으로 숨졌다. 사진은 2000년 집 앞에서 체포된 상코과 착취의 사례가 적지 않습니다.

상코의 반군은 불법 채굴한 다이아몬드를 국경 너머 라이베리아로 빼돌렸고, 찰스 테일러는 이 다이아몬드를 국제 암시장에 팔아넘기거나 무기와 교환했습니다. 테일러는 다이아몬드를 팔아 얻은 막대한 이익으로 시에라리온 반군에게 무기, 훈련 캠프, 안전한 도피처 등을 제공했습니다. 테일러라는 배후가 없었다면, 상코의 반군이 그토록 오랫동안 전쟁을 지속하기는 어려웠을 겁니다. 다이아몬드가 무기가 되고, 그 무기가 다시 다이아몬드 광산을 점령하는 끔찍한 악순환이 계속되었죠.

팔이 없는 사람들

오랜 내전에 시에라리온 국민은 지쳐 갔습니다. 물론 시에라리온을 정상화하려는 정치인들도 있었습니다. 1996년 아마드 테잔 카바 Ahmad Tejan Kabbah는 처음으로 민주적인 대통령 선거를 실시합니다. 부패한 정치 세력을 몰아내고, 내전을 평화적으로 끝내려 했지요. 이전까지 시에라리온에서는 대통령을 민주적으로 선출한 경험이 없었습니다. 오랫동안 일당 독재와 군부 독재의 시간을 견뎌야 했죠.

그런데 상코가 이끄는 반군이 이 선거를 방해합니다. 민주적인 정부가 들어서면 반군이 있어야 할 명분이 사라지니까요. 상코의 반군

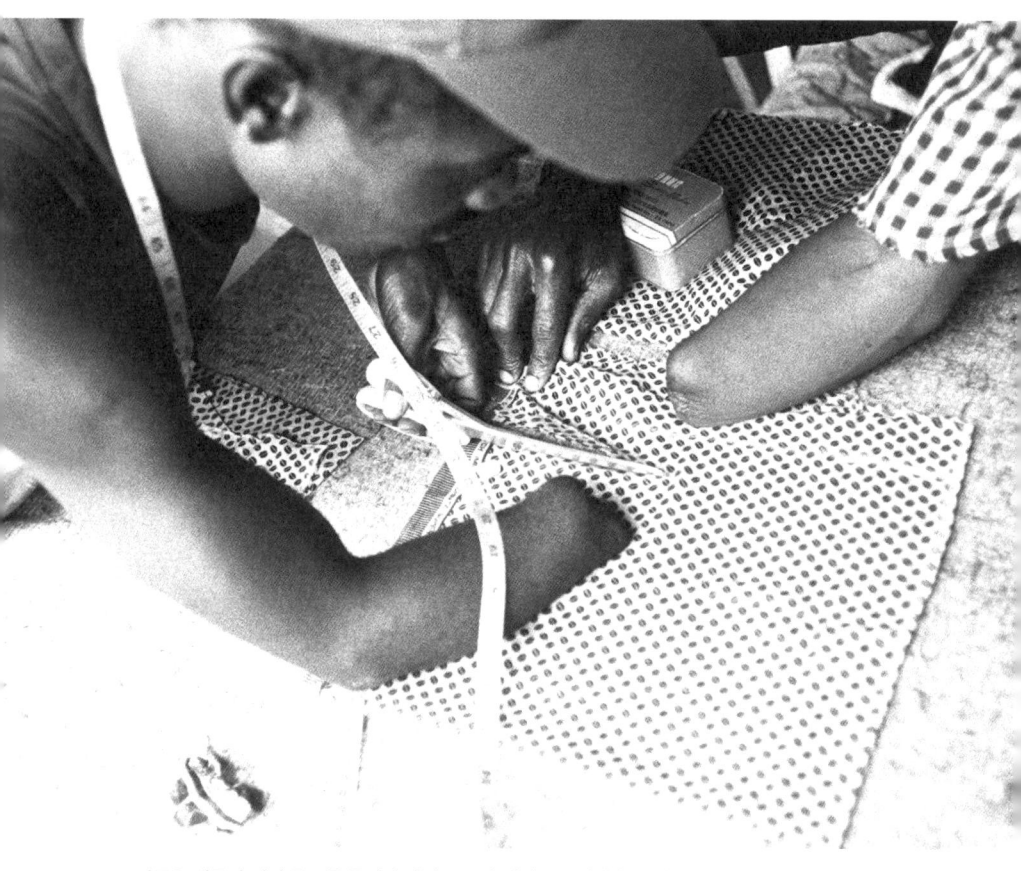

반군은 대통령 선거 투표를 못하게 하려고 온갖 방법으로 훼방을 놓았다. 그중 하나가 투표할 수 없게 손을 절단하는 것이었다. 사진은 손이 잘린 두 재단사가 함께 작업하는 모습

시에라리온은 1961년 영국에서 독립했다. 이후 10여 년간 내전을 겪었으며, 2000년대 들어 민주적인 정부가 들어서면서 점차 안정되고 있다.

은 갖가지 방법으로 훼방을 놓습니다. 급기야 끔찍한 방법까지 동원하는데, 가장 잔인했던 것이 신체 절단 테러입니다. 반군은 주민들의 투표 의지를 꺾기 위해 무차별적으로 마을을 습격하고 주민들을 무작위로 뽑아 투표를 못하게 아예 팔을 잘라 버렸습니다. 이때 마체테라는 칼을 사용했는데 주민들에게 최대한의 고통을 주기 위해 일부러 무딘 칼을 사용했다고 합니다. 팔이 잘린 주민이 많게는 1만 명에 이른다는 보고가 있습니다. 지금도 시에라리온 각지에서 팔이 없는 주민들을 목격할 수 있습니다.

반군의 잔혹한 방해에도 선거는 치러졌습니다. 참혹한 내전을 끝내고 민주 사회에서 살고 싶은 국민의 열망을 반군은 끝내 꺾을 수 없었습니다. 선거 결과, 아마드 테잔 카바가 대통령이 되었습니다.

마침내 카바는 2002년 내전 종식을 선언합니다. 이와 함께 국제 사회에서는 다이아몬드가 더는 분쟁의 원인이 되지 않게 새로운 해결책을 마련합니다. 바로 킴벌리 프로세스입니다.

'분쟁 다이아몬드' NO!

다이아몬드는 사실 탄소 덩어리에 불과한데, 20세기에 남아프리카공화국에 기반을 둔 거대 다이아몬드 기업 드비어스De Beers의 손을 거치면서 세상에서 가장 특별하고 값비싼 보석으로 탈바꿈합니다. 드비어스는 오랫동안 세계 다이아몬드 시장을 독점하다시피 했습니다. 그럴 수 있었던 이유는 마케팅 전략이 성공했기 때문이죠. 드비어스는 막대한 자본을 쏟아부어 마케팅에 힘썼고, 그 결과 "다이아몬드는 영원히A diamond is forever" 같은 전설적인 광고 문구를 세상에 내놓았습니다. 특히 이 광고 문구는 영향력이 대단했습니다. 사람들 마음속에 다이아몬드를 '영원한 사랑', '변치 않는 약속', '부와 성공'의 상징물로 각인시켰고, 다이아몬드 반지 끼워 주는 것을 결혼의 통과의례처럼 인식시켜 놓았으니까요. 드비어스는 사람들이 다이아몬드를 열망하게 했고, 다이아몬드는 아주 값비싼 것이라는 경제적 가치도 창조해 냈습니다.

문제는 드비어스가 '창조'해 낸 이 욕망과 가치가 끔찍한 비극을

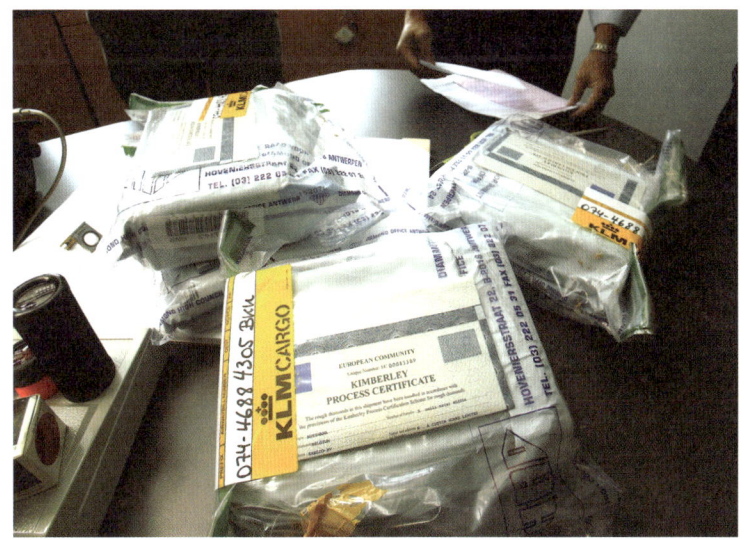

태국에서 유럽으로 수출될 다이아몬드. 킴벌리 프로세스 인증서Kimberley Process Certificate가 동봉되어 있다. 인증서에는 선적 내용(다이아몬드 중량, 가치 등)과 원산지 국가 정보 등이 적혀 있다.

불러왔다는 것입니다. 서로 다이아몬드 광산을 차지하느라 총부리를 겨누고, 심지어 어린아이들까지 전쟁 기계로 내몰았으니까요.

다행히 국제 사회가 해결책을 찾아 나섰습니다. 국제 사회는 분쟁 자금으로 이용되는 다이아몬드의 유통을 막으려 했고, 그 결과 킴벌리 프로세스Kimberley Process라는 인증 제도를 탄생시켰습니다. 킴벌리 프로세스는 분쟁과 관련 없이 생산된 다이아몬드만 국제 시장에서 합법적으로 거래되도록 통제하는 제도입니다. 이제 국경을 넘는 모든 다이아몬드 원석은 반드시 '분쟁 다이아몬드'가 아님을 증명하는 킴벌리 프로세스 인증서를 첨부해야 합니다. 물론 이 제도로도 '핏빛 다이아몬드'를 완전히 근절하지는 못했지만, 그럼에도 킴벌리 프로세스는 다이아몬드가 전쟁 자금으로 흘러들어 가는 것을 어느 정도 막았다는 점에서 의미 있는 처방전이라 할 수 있겠습니다. 소비자의 윤리도 돌아볼 계기를 주었고요.

그런데 최근 아프리카의 자원을 놓고 벌어지는 갈등과 분쟁이 새로운 양상으로 바뀌어 가고 있습니다. 그런 변화를 일으킨 대표적인 국가가 중국입니다. 과거 서구 열강은 아프리카를 직접 지배했지만, 중국은 전혀 다릅니다. 아프리카 국가들에게 막대한 자금을 빌려주고 인프라 건설을 지원하는 등 전면에 나서지 않고 뒤에서 조용히 지원하는 방식을 취합니다. 왜 이런 전략을 쓰는 것일까요. 다음 이야기에서 이런 중국의 행보가 과연 아프리카에 새로운 기회가 될지, 아니면 '신식민주의'라는 비판처럼 또 다른 형태의 종속을 불러올지 자세히 살펴보겠습니다.

중국은 왜 잠비아에
돈을 빌려주었을까

 ## 중국 vs 아프리카 국가들

잠비아의 수도 루사카에 들어선 케네스 카운다 국제공항.

젊은 항공관제 기술사 데이비드는 커다란 유리창 너머 활주로를 자랑스럽게 바라보고 있었습니다. 몇 년 전의 낡고 비좁았던 공항 건물은 온데간데없고, 그곳에는 이제 번쩍이는 현대적인 시설과 드넓은 활주로가 갖추어져 있습니다. 활주로에 막 중국 항공사의 화물기가 착륙 중입니다.

"우리도 이제 번듯한 공항을 갖게 되었어!"

데이비드는 뿌듯하면서도 어쩐지 불안했습니다. 이 공항을 건설하느라 잠비아가 중국에 엄청난 빚을 졌기 때문이죠. 이 사실을 모르는 국민은 거의 없습니다. 몇 년 전 잠비아는 국가 부도 즉 디폴트Default를 선언했는데, 많은 사람이 중국에 진 빚이 주원인이라고 수군거렸습니다. 데이비드는 자신도 모르게 한숨을 내쉬었습니다.

'빚 다 갚으려면 우리 아이들 세대까지 허리가 휠 텐데… 얼마나 많은 구리를 캐내야 이 상황에서 벗어날 수 있을까?'

잠비아는 세계적인 구리 생산국입니다. 구리와 공항, 중국은 대체 무슨 관계일까요?

왜 아프리카였을까

21세기 들어 중국은 무섭게 성장했습니다. 끊임없이 돌아가는 공장과 늘어나는 도시를 유지하기 위해 어마어마한 양의 에너지와 원자재가 필요했죠. 바로 이때, 잠재력은 넘치지만 아직 개발의 손길이 덜 미친 아프리카 대륙이 중국의 눈에 들어왔습니다. 특히 중국은 구리 같은 아프리카의 각종 광물 자원에 주목했습니다. 물론 자원만 탐낸 건 아닙니다. 중국은 아프리카가 국제 사회에서 자신의 편

중국의 일대일로 프로젝트

이 되어 주길 바랐고, 또한 중국 제품을 팔 새로운 시장이 되어 주길 기대했습니다. 아프리카를 바라보는 중국의 이런 시각은 큰 틀에서 보면 일대일로一帶一路에 근거합니다. 일대일로는 '하나의 띠'와 '하나의 길'을 의미하는 중국의 대외 정책입니다. 아시아, 아프리카, 유럽을 육상 실크로드(띠)와 해상 실크로드(길)로 연결해 거대한 인프라 네트워크를 구축하겠다는 구상입니다. 중국이 잠비아에 자본과 기술을 제공해 새 공항을 지은 배경에도 일대일로가 있습니다.

한편 중국이 자신들 바람대로 아프리카 국가들과 관계를 잘 맺게

된 배경에는 '냉전 종식'이라는 역사적인 사건도 있습니다. 냉전은 2차 대전 이후 세계가 미국 중심의 자본주의 진영과 소련 중심의 공산주의 진영으로 나뉘어 비록 무력 충돌은 하지 않더라도 이념, 정치, 경제 등 모든 면에서 극심하게 긴장하고 대립하던 상황을 말합니다. 2차 대전이 끝난 1945년부터 소련이 붕괴한 1991년까지 이어졌습니다. 냉전 시대에는 빈곤한 아프리카 국가들이 미국과 소련 양 진영에서 비교적 쉽게 돈을 빌릴 수 있었습니다. 미국과 소련 모두 아프리카 국가들을 자기편으로 끌어들이려고 경쟁적으로 당근을 제시했기 때문이지요.

하지만 1991년 소련이 붕괴하고 냉전 시대가 막을 내리자, 상황이 크게 달라집니다. 아프리카를 자기편으로 끌어들이려던 양 진영의 경쟁이 급속히 식은 겁니다. 냉전 시대에 선뜻 경제적 지원을 해 주던 미국과 소련에 비해 서유럽이나 국제통화기금IMF, 세계은행World Bank 같은 국제기구로부터 돈을 빌리려면 조건이 까다로웠습니다. 민주주의를 추구하는 사회여야 하고, 시장을 개방해야 하며, 정부 지출을 삭감한 작은 정부를 운영해야 한다 등의 조건이었죠. 아프리카 국가들을 이런 조건을 만족시키기 어려웠고, 그렇다 보니 인프라 구축에 필요한 자금을 마련하기 힘들어졌습니다. 이런 아프리카에 손을 내민 국가가 바로 중국입니다.

중국은 아프리카에 '내정 불간섭 원칙'을 내세우며 다가갔습니다. 독재를 하든 말든 인권 문제가 있든 말든 왈가왈부하지 않겠다는 것입니다. 오직 경제 발전에 실질적인 도움만 주겠다고 했습니다. 당연히 아프리카 국가들은 환호했죠. 그리고 중국에서 돈을 빌려 도로, 다리, 공항, 항만 등을 빠르게 건설했습니다. 이렇게 보면 중국은 분명 아프리카의 경제 발전에 이바지했습니다. 하지만 밝은 면 뒤에는 어두운 면이 있게 마련이지요.

중국은 잠비아뿐 아니라 가나, 앙골라, 에티오피아, 나이지리아 등에도 돈을 빌려주었습니다. 이 나라들은 그 돈으로 항만, 공항, 철도, 도로 등 인프라를 구축했는데, 이 일을 대부분 중국계 기업에 맡겼습니다. 중국 입장에선 한 가지 일로 두 가지를 얻는 일거양득 효과를 얻은 셈이죠. 아프리카 국가들에게 빌려준 돈이 다시 자기 나라 기업들에게 돌아가니까요. 아프리카 국가들로서는 경제 발전을 위한 인프라를 구축했으니 그걸로 만족했을 겁니다. 이렇게 보면 중국과 아프리카 국가 모두 만족한 원윈win-win 상황 같습니다.

과연 그럴까요? 서유럽 전문가들은 중국이 아무 대가 없이 돈을 빌려준 것이 아니리라 분석합니다. 막대한 자원을 담보로 잡고 돈을 빌려주었으리라는 거죠. 아프리카 국가들이 돈을 갚지 못한다면 담보로 잡힌 자원은 중국 것이 될 가능성이 큽니다.

비밀스럽고 수상한 대출

　중국 입장에서는 '대출을 빌미 삼아 자원을 빼앗아 가는 악당'이라는 이미지가 억울할 수 있습니다. 실제로 그런 사례가 아직 없기도 하고요. 그럼에도 중국의 의도를 의심할 수밖에 없는 건 다음과 같은 이유들 때문입니다.

　첫 번째 이유는, 일부 아프리카 국가들이 감당하기 어려운 수준의 빚을 중국에 졌다는 점입니다. 잠비아의 경우 국가 부채의 30퍼센트 이상이 중국 돈입니다. 이 빚을 갚지 못해 앞서 언급했듯이 2020년에 국가 부도 사태를 맞았습니다. 2022년에는 가나도 중국에 진 빚을 갚지 못해 디폴트를 선언했습니다. 이처럼 아프리카 국가들은 중국에 빚을 너무 많이 져서 국가 재정이 파탄 나거나 막대한 대출 이자 부담 때문에 교육, 의료 등 다른 필수 분야에 투자하지 못하고 있습니다. 중국이 어떤 의도로 대출을 해 주었는지는 알 수 없습니다. 다만 대출받은 아프리카 국가들의 경제가 무너져 내렸다는 사실은 부인할 수 없습니다.

　두 번째 이유는, 중국과 아프리카 국가들이 맺은 대출 계약 내용이 투명하게 공개된 적이 없기 때문입니다. 이자율이나 상환 조건, 담보 설정 여부 등 대부분이 비밀입니다. 이자율이 혹시 고리대금에 가까운 수준은 아닌지 많은 국가가 궁금해하지만, 정보가 공개되지 않아 알 수 없습니다. 여러 연구에 따르면, 중국 대출의 대부분은 세계은행 같은 국제기구가 저개발 국가에 빌려주는 개발 차관보다 이자율이 더 높고, 상환 기간도 짧다고 알려져 있습니다. 물론 아프리카 국가들이 국제 민간 금융 시장에서 직접 돈을 빌리는 것보다는 조건이 나을 수 있겠지만, 전통적인 국제 사회의 개발 원조보다는 확실히 덜 관대한 조건입니다.

대출 계약 내용을 비밀에 부친 이유가 혹시 '불리한 독소 조항' 때문은 아닌지 의심하는 눈초리도 많습니다. 계약서에 '기한 내 돈을 못 갚으면 인프라 시설 운영권이나 자원을 가져간다'는 독소 조항이 있으리라는 의혹이 여러 차례 강하게 제기되었죠.

사실 중국에 빌린 돈으로 인프라를 건설한들 아프리카 국가들 입장에서는 크게 남는 게 없는 장사입니다. 돈을 빌리는 조건 중 하나가 인프라 건설 시 중국 기업에 우선순위를 주는 것이었기 때문이지요. 결과적으로 아프리카 국가들은 인프라를 건설하는 과정에서 자국 기업이 성장할 기회도, 일자리를 창출할 기회도 거의 얻지 못했습니다. 또한 중국은 아프리카의 자원을 보고 돈을 빌려준 것이라서 아프리카 국가들이 자원 추출과 수출에만 의존하게 만들어 버립니다. 이 때문에 아프리카 국가들은 다양한 사업 분야를 성장시킬 수 없었습니다.

세 번째 이유는, 건설된 인프라가 아프리카 국가의 실질적인 경제 발전으로 이어지지 못하거나, 현지 경제 성장에 큰 도움을 주지 못했기 때문입니다. 보여 주기식 인프라가 많았습니다. 케냐의 가리사

2023년 9월 밤 잠비아 키트웨에 있는 중국 쇼핑몰을 지나가는 시민. 중국은 일대일로를 내세우며 아프리카 국가들에게 많은 돈을 빌려주고 개발을 독려했다. 하지만 잠비아를 비롯한 여러 국가가 돈을 갚지 못해 디폴트 상태에 빠졌다. 유럽을 비롯한 다른 나라들에서는 중국이 아프리카 대륙에 매장되어 있는 자원을 노리고 돈을 빌려준 것이 아닌지 의심하고 있다.

태양열 발전소가 대표적입니다. 이 발전소는 전력을 많이 생산하지만, 케냐는 이 전력을 제대로 활용하지 못했습니다. 국가 전력망에 연결되지 않은 농촌 지역이 많기 때문이지요. 생산된 많은 전력이 버려졌습니다.

또 앞서 말했듯이 아프리카 국가들은 인프라를 구축할 때 중국 기업을 통해 사업을 진행해야 했기 때문에 인프라 구축 기술을 배울 수도, 발전시킬 수도 없었습니다. 결국 아프리카 국가들 입장에서는 스스로 살아남을 수 있는 자생력을 키우기보다 중국에 더 의존하는 상황이 되어 버렸죠.

네 번째 이유는, 중국의 무분별한 대출이 아프리카의 민주주의나 사회 공정성을 무너뜨렸기 때문입니다. 미국이나 유럽에서는 보통 아프리카 국가들에게 민주주의 도입이나 부패 척결 등을 대출 조건으로 내거는 경우가 많습니다. 만약 아프리카 독재자가 서유럽이나 국제기구로부터 경제 발전에 필요한 자금을 빌리려면 자국의 민주주의를 보장하고 부패를 뿌리 뽑는 등의 노력을 보여야 합니다. 반면 중국은 이런 조건을 내세우지 않았죠. 그 덕분에 아프리카 독재자들은 중국에서 얼마든지 돈을 빌릴 수 있었습니다. 아프리카에서 민주주의는 더 멀어지고 부패는 더 심해질 수밖에 없었죠. 독재자들이 빌린 돈을 나라를 위해 썼다면 독재자란 소리를 안 들었겠죠. 이들은 자신들의 배를 불리는 데 주로 그 돈을 썼습니다.

정리하면, 아프리카 국가들에게 중국은 '기회'와 '위협'이라는 양날을 가진 검과 같습니다. 과연 아프리카는 중국이라는 거대한 파트너를 발판 삼아 진정한 성장을 할 수 있을까요? 아니면 과거 서구 열강에 강탈당했듯이 이번에도 외부 세력에게 자원을 내주고 예속되는 역사를 반복할까요? 분명한 사실은, 아프리카는 풍부하게 매장된 자원들로 인해 다시 강대국들의 각축장이 되고 있다는 것입니다.

한편 중국이 자원을 노리는 곳은 아프리카만이 아닙니다. 중국은 국경을 맞댄 아시아의 자원에도 눈독을 들이고 있습니다. 대표적인 것이 물 자원이죠. 다음 장에서는 아시아로 무대를 옮겨 그곳에서 벌어지는 자원 전쟁을 살펴보겠습니다.

2장

아시아

왜 우기에도
메콩강은 말랐을까

→ 상류의 중국 vs 하류의 국가들

동남아시아 인도차이나반도를 가로지르는 메콩강 하류에 자리 잡은 베트남의 한 농촌 마을.

응우옌 할아버지는 수십 년간 메콩강이 선물하는 풍부한 물과 비옥한 퇴적토에 기대어 벼농사를 지어 왔습니다. 요즘은 마른 논바닥을 보며 깊은 한숨을 내쉬고 있지만요. 예년 같으면 벌써 모내기를 하고도 남았을 텐데, 올해는 유난히 강 수위가 낮아 농업용수를 대기가 어려웠습니다.

비단 올해만의 문제가 아니었습니다. 최근 몇 년 사이에 메콩강이 눈에 띄게 달라졌습니다. 비가 집중적으로 내리는 우기가 되어도 예전처럼 강물이 시원하게 불어나지 않았고, 비가 내리지 않는 건기에는 강바닥이 드러날 정도로 물이 말라 버리는 날이 잦아졌습니다.

아무리 건기라도 이렇게 물이 마른 적은 없었거든요. 강물이 실어 나르던 영양분 많은 퇴적물도 줄어들어 벼농사 수확량은 해마다 줄어들었습니다. 강에서 물고기를 잡아 생활하던 어부들도 예전만큼 물고기가 잡히지 않는다며 울상이었습니다.

'강이 예전 같지가 않아… 저 멀리 상류에서 도대체 무슨 일이 벌어지고 있는 걸까?'

응우옌 할아버지만 걱정하는 것이 아닙니다. 메콩강을 삶의 터전으로 삼은 베트남, 캄보디아, 라오스, 태국 등지의 수천만 명의 사람이 비슷한 감정이었습니다. 대체 왜 이렇게 된 것일까요? 실은 수천 킬로미터 떨어진 강의 발원지에서 문제가 생기기 시작했습니다. '아시아의 지붕'이라 불리는 티베트 고원과 히말라야산맥 일대를 중국이 장악한 겁니다.

늘어나는 상류의 댐

히말라야산맥과 그 주변의 광활한 티베트 고원은 엄청난 양의 만년설과 빙하를 품고 있어 '아시아의 물탑'이라 불립니다. 이곳에서 녹아내린 물은 아시아 대륙의 길고 중요한 강들의 시작점이 됩니다.

메콩강 유역 댐들. 중국이 강 상류에 댐을 건설하는 바람에 하류 국가들은 가뭄, 홍수 등의 피해를 입고 있다. 단순히 재해로 치부할 문제가 아니다. 물은 생존과 직결된 자원이기 때문에 해결책이 절실한 상황이다. 2024년 3월 기준 중국이 메콩강 상류에 지은 댐은 12개다.
(자료 출처: 미국 환경단체 인터내셔널 리버스, 2024년 3월 기준)

중국의 양대 강인 황하와 장강은 물론, 동남아시아 여러 나라를 거쳐 흐르는 메콩강, 인도의 젖줄이자 힌두교의 성스러운 강인 갠지스강으로 흘러드는 브라마푸트라강, 인도와 파키스탄 사이를 흐르는 인더스강 등이 모두 이곳에서 시작됩니다.

문제는 이 강들이 여러 나라의 국경을 가로질러 흐르는 '국제 하천'이라는 점입니다. 그렇다 보니 하천이 지나는 국가들 간에 물을 놓고 갈등이 벌어집니다. 특히 메콩강, 브라마푸트라강, 인더스강 등은 중국 영토인 티베트 고원에서 출발해 다른 나라들로 흘러들어 갑니다. 이것은 강의 상류를 차지한 중국이 하류 국가들의 목숨줄이나 다름없는 물 흐름에 지대한 영향을 미칠 수 있음을 뜻합니다.

실제로 중국은 1990년대부터 상류에 대규모 댐들을 건설하기 시작했습니다. 왜 댐을 건설한 것일까요? 첫 번째 이유는, 수력 에너지를 확보하기 위해서입니다. 중국은 덩샤오핑이 집권한 1978년부터 개혁·개방 정책을 본격적으로 실시했습니다. 이후 경제가 급속도로 성장했는데, 경제 성장에 필요한 에너지원의 하나로 수력 에너지를 쓰려고 했던 것이죠.

두 번째 이유는, 허베이·산시·네이멍구 등의 북부와 신장위구르·티베트 자치구 등의 서부 지역이 만성적인 물 부족에 시달리고 있기 때문입니다. 중국은 댐을 건설해 이 문제를 해결하려고 했습니다. 구체적으로 보면, 2000년대부터 '서부 대개발'을 추진하고 있습니다. 서부 대개발이란 동부에 비해 상대적으로 낙후된 서부 지역을 경제적으로 발전시키려는 거대한 프로젝트인데, 문제는 서부 지역 대부분이 극심한 건조기후라는 사실이죠. 이곳의 농업이나 공업 발전, 도시 개발 등에 많은 물이 필요하니, 티베트 고원에서 시작되는 강들의 물줄기를 통제하기 시작한 겁니다.

세 번째 이유는, 중국에 셰일 가스와 셰일 오일이 세계 최대 규모로 매장되어 있기 때문입니다. 셰일 가스와 셰일 오일은 셰일층이라는 퇴적암에 갇혀 있는 천연가스와 원유를 말합니다. 셰일층은 진흙 등이 굳어 형성된 암석인데, 이 안에 천연가스와 원유가 갇힌 채로 존재하기 때문에 기존 방식으로는 채굴하기 어렵습니다. 수압파쇄법 Fracking이라는 특수한 기술로 뽑아냅니다. 이 기술은 땅속 암반층에 물을 고압으로 분사해 가스와 오일을 밀어 올리는 방식입니다. 이 과정에서 많은 물이 쓰입니다. 중국은 미래 에너지원인 이 셰일 가스와 셰일 오일 개발을 위해서도 안정적으로 물을 확보해 놓는 일이 중요해졌습니다. 더욱이 셰일 가스와 셰일 오일 대부분이 물 부족에 시달리는 서부 지역에 매장되어 있으니, 물 확보에 더 혈안이 된 것이죠.

새로운 통치 수단

문제는 중국이 상류에서 물길을 막으면 하류 쪽 국가들이 위험해

중국이 메콩강 상류에 댐을 건설하는 바람에 하류 국가 사람들은 생존의 위협을 느낄 정도로 하루하루 고통스럽게 살아가고 있다. 반중 감정이 깊어질 수밖에 없는 이유다. 한편 이런 현상은 물이 통제 수단이 될 수 있음을 방증하는 것이기도 하다. 중국은 이런 사실을 잘 알고 있다. 사진은 중국의 댐 건설에 항의하는 라오스 사람들

진다는 사실입니다. 이 국가들은 이미 여러 가지 심각한 피해를 입어 앞날을 우려하며 불안에 떨고 있습니다.

가장 큰 피해는 흘러내리는 물이 줄어들거나 물의 흐름이 예측 불가능하게 바뀌어 생깁니다. 중국이 댐에 물을 가두면, 하류 국가들은 특히 건기에 물 부족이 극심해져 농사를 망치거나 식수난을 겪을 수 있습니다. 강바닥이 허옇게 드러나고, 생활용수마저 부족해지는 고통을 겪게 되는 것이죠. 반대로 중국이 우기에 예고 없이 대량의 물을 방류하면, 하류에서는 속수무책으로 홍수 피해를 입어 삶의 터전을 잃게 됩니다. 강의 자연스러운 흐름이 끊기고 강이 인위적으로 통제되면서, 수천 년간 강에 맞추어 살아온 하류 사람들 삶의 리듬과 생계가 뿌리째 흔들리는 겁니다.

물이 줄어드는 것만큼 치명적인 것은 강물이 실어 나르던 비옥한 퇴적물도 댐에 가로막힌다는 점입니다. 하천으로 흘러내려 오는 건 단순히 물만이 아니죠. 상류의 흙과 바위가 풍화되어 만들어진 풍부한 영양분 또한 끊임없이 운반됩니다. 베트남의 메콩강 삼각주 같은 세계적인 곡창 지대는 이 퇴적물 덕분에 유지될 수 있었습니다. 하지만 상류의 댐들은 이 귀중한 퇴적물들을 마치 거대한 체처럼 걸러내 버립니다. 그 결과 하류 지역의 토지 비옥도가 급격히 떨어져 농업 생산성도 떨어지죠.

강의 생태계 역시 돌이킬 수 없는 상처를 입습니다. 댐은 물고기들이 산란이나 먹이 활동을 위해 오가는 길을 원천적으로 차단합니다.

또한 댐에서 물을 방류했다 가두었다 하는 과정에서 강의 수온이나 유속, 수질 등이 급격히 변해 물고기들의 서식 환경 자체가 파괴됩니다. 한때 '어머니의 강'이라 불리며 풍부한 어족 자원을 자랑했던 메콩강에서 물고기 씨가 마르고 있다는 어부들의 절규는 과장이 아닙니다. 댐 건설은 단순히 물길을 막는 것을 넘어, 강 전체의 생물 다양성을 파괴하고 생태계의 균형을 무너뜨렸습니다.

더 큰 문제는 중국이 댐 건설에 관한 어떤 정보도 공개하지 않고 일방적으로 댐을 짓는다는 사실입니다. 구체적으로 말하면, 댐 건설 계획이나 저수량, 방류량 같은 댐 운영에 관한 구체적인 정보를 하류 국가들에게 투명하게 공개하지 않는다는 것이죠. 하류 국가들은 자신들의 목숨줄 같은 강의 운명이 상류에서 어떻게 결정되는지 제대로 알지 못한 채 그저 중국의 결정만을 기다려야 하는 상황에 놓여 있습니다. 이러한 소통의 부재와 일방적인 정보 통제는 하류 국가들이 중국을 깊이 불신하고 중국과 갈등하게 하는 주요 원인이 되었습니다.

가장 근본적인 우려는 중국이 하류 국가들을을 압박하는 수단으로 댐을 악용한다는 사실입니다. 댐의 수문을 조절해 물의 흐름을 통제하는 것이 하류 국가들에 대한 강력한 정치, 외교적 압박이 되는 거죠. 즉 중국은 물 자원을 무기처럼 사용할 수 있는 겁니다. 물은 인간 생존과 국가 경제에 꼭 필요한 가장 기본적인 자원이죠. 이런 물을 통제할 수 있다는 것은 엄청난 힘을 가졌음을 의미합니다.

실제로 건기에 메콩강 수위가 비정상적으로 낮아졌을 때, 동남아시아 국가들은 중국이 상류 댐에 물을 과도하게 가두었기 때문이라고 의심했습니다. 하지만 중국은 자연적인 가뭄 탓으로 돌리거나 불충분한 정보만 제공하며 책임을 회피하는 듯한 태도를 보였습니다. 이런 중국 태도에 하류 국가들은 실존적인 위협을 느낄 수밖에 없었습니다. 물은 여러 번 강조했듯이 생존과 직결된 자원이니까요.

현재 중국과 베트남·캄보디아·라오스·태국 등의 메콩강 하류 국가들, 그리고 중국과 브라마푸트라강이 흐르는 인도·방글라데시는 총성 없는 전쟁을 벌이고 있습니다. 아직은 외교적인 마찰과 신경전 정도로 드러나지만, 기후 위기가 나날이 심해지니 갈등이 더 깊어질 겁니다. 물을 놓고 싸우게 되는 것이죠. 히말라야에서 시작된 물줄기가 아시아의 평화를 위협하는 새로운 갈등 원인이 되고 있습니다.

그런데 중국은 물로만 주변국들에게 영향력을 행사하는 것이 아닙니다. 땅속의 광물 자원으로도 주변국을 비롯한 다른 나라들을 쥐락펴락하고 있습니다. 대표적인 자원이 희토류입니다. 다음 이야기에서는 중국이 어떻게 희토류로 세계 경제를 뒤흔들고 있는지 살펴보겠습니다.

자원 독점은
왜 위험할까

중국 vs 희토류 수입국들

2010년 10월, 일본 아이치현의 한 자동차 부품 공장.

생산 라인 책임자 사토 마사오 부장이 착잡한 표정으로 무언가를 뚫어져라 바라보고 있습니다. 생산 현황판입니다. 거기에는 '가동 중단 예정'이라고 쓰여 있습니다. 세계적으로 인기를 끄는 하이브리드 자동차의 핵심 부품인 고성능 모터 생산 라인이 당장 다음 주부터 멈출 위기에 처한 겁니다. 모터의 심장인 강력한 영구 자석을 만드는 데 꼭 필요한 것이 네오디뮴과 디스프로슘 같은 희토류인데, 이 자원들의 공급이 완전히 끊긴 것이죠. 누가 그랬을까요? 협력 업체에서는 '통관상 문제'라는 애매한 답변만 되풀이합니다. 사토 부장은 뉴스를 보며 직감했습니다.

'중국이 희토류를 끊었구나!'

일본과 중국은 오래전부터 센카쿠 열도를 놓고 갈등을 빚었습니다. 센카쿠 열도는 동중국해 남서부에 위치한 5개의 무인도와 3개의 암초로 이루어진 지역입니다. 이곳을 일본은 센카쿠 열도라 하고, 중국은 댜오위다오라고 부르죠. 일본과 중국은 이곳이 서로 자기네 영토라며 다투고 있습니다. 왜 이 지역을 서로 차지하려는 것일까요? 이 지역 해저에 석유, 천연가스 같은 자원이 풍부하게 매장되어 있기 때문입니다. 또한 이 지역은 중요한 해상 교통로입니다.

얼마 전에도 두 나라는 부딪쳤습니다. 2010년 9월 일본 해상보안청 순시선이 센카쿠 열도의 일본 영해를 침범한 중국 어선을 나포하는 사건이 일어났습니다. 중국 정부는 선원들을 즉각 석방하지 않으면 일본에 보복하겠다고 했습니다. 그 보복이 바로 일본에 수출하던 희토류를 전면 중단하는 것이었습니다. 사토 부장의 공장처럼 희토류 대부분을 중국에 의존하던 일본 산업계는 엄청난 충격과 혼란에 빠졌습니다.

사토 부장은 한숨이 절로 나왔습니다. 당장 다음 주부터 어떻게 해야 할지 막막하니까요. 원자재 공급이 끊겨 공장 전체가 마비될 수 있다니! 수십 년간 공장에서 잔뼈가 굵은 사토 부장도 처음 겪는 충격적인 일이었습니다.

'모터에 들어가는 그 작은 자석 하나 때문에 회사 전체가 이렇게 흔들릴 줄이야.'

희토류 시장 지배자

희토류는 주기율표의 원소 118종 중 화학적 특성이 비슷한 17종을 말합니다. 스칸듐, 이트륨, 란타넘, 세륨, 네오디뮴 등입니다. 희토류는 희귀할 희稀, 흙 토土, 무리 류類로 이루어져 '희귀한 흙'이라는 뜻인데, 존재 자체가 희귀하다는 말이 아닙니다. 단일 광물에 농축된 형태가 아닌 여러 다른 광물에 섞여 흙처럼 흩어져 존재하기 때문에 제련 과정이 쉽지 않아 '희귀하다'는 뜻이 붙은 겁니다. 희토류는 스마트폰, 컴퓨터, 전기자동차 모터, LED, 풍력 터빈, 미사일 유도 장치 등 첨단 산업의 핵심 소재로 활용됩니다. '첨단 산업의 비타민'이라 할 만큼 현대 사회에선 아주 중요한 자원입니다.

자연 상태에서 희토류 원소들은 다른 광물과 복잡하게 섞여 있습니다. 경제적으로 채굴할 가치가 있을 만큼 고농도로 한곳에 모여 있는 매장지를 찾기가 어렵습니다. 설령 찾아낸다 해도, 이들을 개별 원소로 분리하고 산업에 사용할 수 있는 높은 순도로 제련하는 과정이 화학적으로 매우 복잡하고 까다롭습니다. 더 큰 문제는, 제련 과정에서 방사성 물질을 포함한 폐기물이나 독성 폐수 같은 심각한

희토류 제련 과정

❶ 원광석　　　**❷ 원광석을 분쇄한다.**

❸ 분쇄한 원광석에서 물리, 화학적 방법을 이용해 희토류 광물 입자만을 농축한다. 불필요한 맥석을 제거하는 과정이다.

❹ 분리해 낸 희토류 함유 광물에 산이나 알칼리 용액을 넣어 희토류 원소를 녹인다. 그 용액에서 개별 희토류 원소(예: 네오디뮴, 프라세오디뮴 등)를 분리한다. 시간이 오래 걸린다. 그만큼 복잡하고 어렵단 뜻이다. 분리된 희토류를 침전→건조→가열을 거쳐 산화물 형태로 만든다. 이 과정에 다량의 화학 약품과 물이 들어가기 때문에 환경 오염(독성 폐수, 방사성 폐기물) 문제가 생긴다. 특히 많은 희토류 광석에 우라늄 같은 방사성 원소가 미량 포함되어 있어, 제련 과정에서 방사성 폐기물이 발생할 수 있다. 이런 이유로 환경 규제가 덜한 개발도상국에서 주로 희토류를 생산한다.

❺ 산화물 형태의 희토류를 금속 형태로 전환한다.

희토류 산화물 (위 중앙부터 시계 방향으로) 프라세오디뮴, 세륨, 란타넘, 네오디뮴, 사마륨, 가돌리늄

❻ 희토류 금속을 철, 붕소 등 과 조합해 네오디뮴 자석 같 은 부품으로 만든다.

❼ 완성된 부품을 전기자동차, 풍력 발전기 등 다양한 첨단 산업에 사용한다.

희토류가 들어간 제품들

심장 PET 스캐너

광섬유

스마트폰

야간 투시경

카메라 렌즈

전기자동차

풍력 터빈

환경 오염 물질이 대량으로 발생한다는 겁니다. 이 점이 과거 선진 국들이 자국 내에서 희토류 개발을 꺼렸던 주된 이유이죠. 결국 희토류는 절대량이 희귀하다기보다는 쓸모 있게 만들어 사용하기까지 과정이 극도로 어렵고, 제련 과정에서 환경이 파괴되는 대가를 치러야 하는 자원인 겁니다.

낮은 인건비와 느슨한 규제

2020년대 중반 들어 중국의 희토류 채굴 비중이 70퍼센트 안팎으로 낮아졌지만, 2010년 사토 부장이 희토류 쇼크를 겪을 당시 중국은 세계 희토류의 약 97퍼센트를 생산하고 있었습니다. 하지만 이 수치는 자연에서 채굴한 희토류 양을 말하는 겁니다. 채굴한 희토류를 첨단 산업에서 사용할 수 있게 제련한 고순도 희토류는 여전히 중국이 세계의 90퍼센트가량을 생산하고 있습니다.

중국은 어떻게 희토류 시장에서 절대 강자가 될 수 있었을까요? 자국의 낮은 인건비와 느슨한 환경 규제를 활용한 결과였습니다. 1980년대부터 중국은 자국의 풍부한 희토류를 전략 자원으로 지정해 국가 차원에서 희토류 채굴과 제련을 적극적으로 지원했습니다. 다른 나라들이 환경 문제로 주저하는 사이에 말이죠. 지금 다른 나라들은 희토류 원석을 채굴하더라도, 최종적으로 첨단 산업에 쓰이

중국은 세계 1위 희토류 매장국이자 생산국이다. 2024년 통계에 따르면 27만 톤을 생산해 세계 생산량의 약 69퍼센트를 차지했다. 채굴뿐만 아니라 제련 기술까지 보유하고 있어 사실상 공급망을 독점하고 있다. 1980년대까지는 미국이 최대 생산국이었지만, 환경 규제 강화로 생산 비용이 증가하면서 생산이 줄었다. 반면 중국은 정부 주도로 희토류 산업을 육성해 1970년대 중반 이후 생산량을 급증시켰다. 중국에서 희토류는 특히 네이멍구 자치구, 장시성에 많이 매장되어 있다. 장시성의 간저우 지역은 '세계 희토류의 수도'로도 불린다.

는 고순도 희토류 소재를 얻으려면 중국의 제련 공장을 거칩니다. 명실공히 중국이 희토류 시장에서 절대 강자가 된 것이죠. 물론 이 과정에서 중국의 환경은 크게 파괴되었지만요.

중국은 이런 희토류를 무기 삼아 국제 사회에서 자신들의 정치, 외교 목적을 관철하려는 모습을 보여 주곤 합니다. 가장 대표적인 사건이 사토 부장이 겪었던 2010년에 일어난 '희토류 쇼크'입니다. 이 사건은 중국이 마음만 먹으면 희토류 공급망을 통제해 다른 나라 경제에 심각한 타격을 줄 수 있음을 알려 주었습니다. 자원을 무기 삼아 위협할 수 있음을 명백하게 보여 주었죠.

중국 말고 다른 나라에서

희토류 쇼크라는 값비싼 교훈을 얻은 후 일본과 미국, 유럽연합EU의 주요 국가들은 서둘러 대책 마련에 나섭니다. 중국 말고 다른 국가에서 희토류를 확보하려는, 공급처를 여러 곳에 두려는 노력이 활발해졌죠. 미국은 문을 닫았던 캘리포니아의 마운틴 패스 광산을 다시 열었고, 오스트레일리아·베트남 등에서 희토류를 생산할 수 있도록 투자도 하고 있습니다. 중국이 독점한 제련 기술을 알아내려는 시도도 하고 있지요.

또한 희토류 수입국들은 희토류 자체의 사용량을 줄이거나 희토류를 대신할 새로운 소재나 기술을 개발하려는 연구도 활발하게 진행 중입니다. 예를 들어, 네오디뮴 자석이 없어도 성능이 높은 전기 모터를 개발하는 식이지요. 또한 폐전자제품이나 산업 폐기물 등에서 희토류를 효율적으로 회수해 재활용하는 도시 광산Urban Mining을 활성화하는 일에도 노력을 기울이고 있습니다. 도시 광산은 폐가전

2025년 10월 경주 APEC 정상회의로 만난 미국 트럼프 대통령과 중국 시진핑 주석. 당시 미국과 중국은 무역 전쟁 중이었다. 미국이 중국에 계속 막대한 관세를 요구하자 중국은 희토류 수출 통제로 맞섰다. 중국 희토류가 절실했던 미국은 결국 일부 관세를 인하하기로 했고, 중국은 희토류 수출 통제를 유보하기로 했다. 자원 독점이 얼마나 막강한 무기가 될 수 있는지 보여 준 전형적인 사건이다.

제품, 폐산업기기, 폐자동차 등 도시에서 버려지는 폐기물 속에 숨겨진 금, 은, 구리 등의 금속 자원을 재활용해 새로운 자원으로 만드는 산업과 기술을 말합니다. 천연자원 채굴을 줄이고, 금속 자원을 안정적으로 공급받고, 무엇보다 환경 파괴를 조금이라도 막기 위한 지속 가능한 자원 활용 방안이죠.

　이처럼 미국을 비롯한 희토류 수입국들은 중국 의존도를 낮추려고 여러 노력을 하고 있는데, 아직은 중국을 따라잡지 못하고 있는 것이 현실입니다. 그러므로 중국이 희토류를 무기로 삼는 현상은 한

동안 계속될 것으로 보입니다.

중국의 희토류 시장 독점은, 자원이 얼마나 강력한 경제, 외교 무기가 될 수 있는지를 극명하게 보여 줍니다. 자원을 안정적으로 확보하는 일은 단순히 기업의 이익 문제를 넘어섭니다. 국가 안보와 경제 주권 문제, 그리고 미래 산업 경쟁력과도 직결됩니다. 이 때문에 앞으로 자원을 차지하기 위한 국가들의 경쟁은 더욱 치열해질 겁니다. 자원이 곧 무기가 되는 시대이니까요.

그런데 이렇게 특정 자원을 틀어쥐고 세계를 뒤흔든 나라는 중국이 처음은 아닙니다. 원조는 따로 있습니다. 바로 끝없이 '검은 황금'을 뽑아내는 서남아시아의 산유국들입니다. 다음 이야기에서는 석유라는 '무기'로 세계 질서를 바꾸려던 서남아시아의 흥망성쇠를 들려주겠습니다.

석유의 시대는 끝나고 있을까

서남아시아 산유국들 vs 석유 수입국들

1940년 아라비아반도 페르시아만 연안의 작은 해안 마을.

젊은 어부 아흐메드는 오늘도 새벽녘부터 조상 대대로 물려받은 작은 목선을 타고 바다로 나갈 채비를 합니다.

별일 없는 일상이 되풀이되던 이곳에 몇 해 전부터 낯선 풍경이 보이기 시작했습니다. 서양에서 온 기술자들이 난생처음 보는 기계들을 가지고 와서는 사막 한가운데에 높은 철탑을 세우기 시작한 겁니다. 철탑은 밤에도 환했는데 철탑 아래 땅속 깊은 곳에서 '검은 황금'이라 불리는 시커멓고 끈적한 기름을 뽑아 올리기 위해서라는 소문이 파다했습니다. 마을은 술렁거렸습니다. 어떤 이들은 '그것'이 진주나 물고기보다 자신을 더 부자로 만들어 주리라며 기대에 부풀었고, 어떤 이들은 낯선 이방인들과 그들이 가져온 거대한 기계가 조상들의 신성한 땅과 바다를 더럽히고 오랜 질서를 무너뜨릴까 봐 두려워했습니다.

아흐메드는 바다를 바라보며 생각했습니다.

'저 검은 기름이라는 것이 정말 진주보다 더 귀한 것일까? 저것이 우리 부족과 이 땅을 어떻게 바꾸어 놓을까?'

이때만 해도 아흐메드는 알지 못했습니다. '그것' 즉 석유가 고요한 서남아시아 일대를 세계라는 무대의 중심으로 끌어 올리게 된다는 사실을 말이죠. 그로 인해 서남아시아가 이전과 비교할 수 없는 부와 권력을 쥐는 동시에 전쟁과 갈등이라는 거대한 소용돌이에 휘말려 들어가게 된다는 것을 말입니다.

OPEC의 탄생

1859년 에드윈 드레이크Edwin Drake가 미국 펜실베이니아주에서 석유를 발견하고 채굴하는 데 성공하면서 석유 산업이 시작됩니다. 드레이크는 조명용 램프 연료로 쓰일 석유를 구하려 했다고 합니다. 그리고 이어서 석유가 중요한 사업 아이템이 될 것을 알아본 이가 등장하니 훗날 '석유왕'으로 불리는 록펠러John D. Rockefeller입니다. 록

펠러는 1870년에 스탠더드 오일Standard Oil을 설립하고 본격적으로 석유 산업을 일으키죠. 1911년 미국 정부의 독점금지법으로 스탠더드 오일은 34개의 회사로 분리되는데, 이 회사들 중 일부는 서남아시아를 비롯한 해외에서 석유를 채굴하기 시작합니다. 1930년대 사우디아라비아에서 대규모 유전(석유가 매장된 지하 지역)이 발견되면서, 미국 회사들을 포함한 여러 외국 기업이 이 지역의 석유 개발에 관심을 쏟게 되죠.

사우디아라비아를 비롯해 이란, 이라크, 쿠웨이트 등 서남아시아 지역에서 차례로 대규모 유전이 발견되면서 서남아시아는 단박에 세계 에너지 시장을 주도하는 지역으로 떠오릅니다. 물론 서남아시아 국가들이 처음부터 석유로 돈을 벌어들인 건 아닙니다. 석유를 채굴하고 가공해 세계 시장에 판매하는 데 필요한 막대한 자본과 기술은 미국과 유럽의 거대 석유 회사들, 이른바 세븐 시스터즈Seven sisters라 불린 기업들이 갖고 있었거든요. 세븐 시스터즈는 미국의 5대 석유 회사(엑손·모빌·걸프 오일·텍사코·셰브론)와 영국의 BPBritish Petroleum 그리고 영국-네덜란드 합작사인 로열 더치 셸Royal Dutch Shell을 가리킵니다. 이 회사들은 1920년대부터 70년대까지 세계 석유 시장을 지배했습니다.

세븐 시스터즈는 자신들에게 유리한 조건으로 서남아시아 국가와 계약을 맺었습니다. 석유 개발권을 확보한 뒤 채굴한 석유를 헐값에 가져가 엄청난 이익을 남겼죠. 정작 석유가 생산되는 서남아시아 국

민족주의
민족의 이익과 발전을 다른
무엇보다도 중요시하는 사상
이다.

가들에게 돌아가는 몫은 매우 적었습니다.
내 집 안마당의 보물을 남이 와서 캐 가는
데 집주인은 구경만 하고 푼돈만 받는 격
이었죠.

서남아시아 국가들은 이런 불공정한 거래에 점점 더 불만을 품습
니다. 2차 대전이 끝난 후 세계적으로 민족주의가 유행합니다. 서남
아시아의 산유국들도 민족주의의 영향을 받아 자국의 자원에 대한
주권을 되찾기 위해 움직입니다. 1960년에 창설된 석유수출국기구
OPEC, Organization of the Petroleum Exporting Countries가 그 성과 중 하나이지요.
OPEC은 사우디아라비아·이란·이라크·쿠웨이트·베네수엘라 5개국
이 주도해 설립했는데, 석유 가격 결정에 대한 발언권을 높이는 등
산유국들의 이익을 지키는 데 목적을 두었어요. 2025년 기준 회원
국이 12개국(알제리·콩고공화국·적도기니·가봉·이란·이라크·쿠웨이트·
리비아·나이지리아·사우디아라비아·아랍에미리트UAE·베네수엘라)이나 됩
니다.

두 번의 오일 쇼크

1970년대에 많은 서남아시아 국가가 자국의 석유 자원을 다른 나
라 기업에 빼앗기지 않기 위해 국유화 즉 나라의 것으로 만듭니다.

그리고 1970년대에 OPEC과 서남아시아 산유국들은 자신들이 얼마나 막강한 힘을 쥐고 있는지 세계에 각인시킵니다. 2차례의 오일 쇼크Oil crisis를 통해서 말이죠. 1차 오일 쇼크는 1973년에 일어납니다. 당시 이스라엘과 아랍 국가 간에 제4차 중동전쟁이 벌어지고 있었습니다. OPEC 회원국 중 아랍 국가들은 이스라엘을 지원하는 미국과 서유럽 국가들에 반발했고, 그들에게 보복하기 위해 석유 생산량을 대폭 줄이고 수출도 금지해 버립니다. 사상 초유의 결정으로 국제 유가는 몇 달 만에 4배 가까이 폭등했고, 석유에 절대적으로 의존하던 세계 경제는 휘청거렸습니다. 자동차와 공장이 멈추고, 가정에서는 난방유가 부족해 혹독한 겨울을 보내야 했습니다. 한국도 예외는 아니었습니다. 당시 버스비가 2배 가까이 올랐고 휘발유 소비량을 줄이기 위해 차량 운행도 제한했죠.

서남아시아 산유국들은 오일 쇼크로 큰 깨달음을 얻습니다. 석유가 단순한 상품이 아닌, 국제 정치 무대에서 자신들의 목소리를 내고 영향력을 행사할 수 있는 강력한 무기가 될 수 있다는 사실을 말입니다.

2차 오일 쇼크는 1979년에 일어납니다. 1차 때와 달리 의도치 않게 일어났습니다. 당시 이란에서는 이슬람 혁명이 일어났는데 이 여파로 이란-이라크 전쟁이 일어납니다. 이란의 이슬람 혁명은 이란의 정치 체제를 왕정에서 공화정으로 바꾸었습니다. 혁명 지도자 루홀라 호메이니는 혁명 이념과 이슬람 중심 사상을 이웃한 이라크로 확

1973년 미국 매사추세츠주 보스턴에서 한 운전자가 차를 주유소까지 밀고 가고 있다. 오일 쇼크는 산유국뿐 아니라 석유 수입국에도 석유라는 자원이 얼마나 막강한 힘을 숨기고 있는지 새삼 깨닫게 해 주었다. 그 결과 석유 수입국들은 석유 말고 다른 에너지 개발에 관심을 갖게 된다.

산하려고 했습니다. 이를 반대한 이라크 대통령 사담 후세인이 선전 포고 없이 이란을 침공하면서 전쟁이 시작되었죠. 이란–이라크 전쟁은 1980년부터 88년까지 이어집니다.

이처럼 혁명과 전쟁으로 인해 이란 사회는 혼란 그 자체였습니다. 당연히 석유를 제대로 생산할 수가 없었죠. 당시 이란은 세계 4위의 석유 생산국이자, OPEC 내 2위의 석유 수출국이었습니다. 이런 나라에서 석유 생산을 중단하니 석유 공급에 큰 차질이 생긴 겁니다.

연이은 오일 쇼크는 에너지 수입국들에게 강력한 경고가 되었습니다. 서남아시아의 석유로 인해 세계가 휘청이는 것을 목도하면서, 특정 지역과 자원에만 의존하는 구조가 얼마나 취약한지 뼈저리게 깨달은 것이죠. 이후 선진국들은 에너지 효율을 높이는 기술 개발과 에너지 절약을 위해 노력하는 한편, 원자력이나 석탄 등 대체 에너지 개발에도 힘썼습니다. 또한 서남아시아 외 다른 지역 즉 북해, 멕시코만, 알래스카 등에서 유전을 적극적으로 탐사, 개발하게 됩니다.

석유의 빛과 그림자

오일 쇼크 이후 서남아시아의 주요 산유국들은 돈벼락이라도 맞은 것처럼 많은 돈을 벌어들입니다. 그 돈으로 허허벌판 사막에 화려한 현대식 도시들을 경쟁적으로 건설했고, 세계 최고 수준의 도로·공항·항만 등 인프라도 구축했습니다. 사우디아라비아, 카타르 같은 국가에서는 세금을 거의 걷지 않으면서도 교육·의료 등의 필수 서비스를 국민에게 무료로 제공하기도 했지요. 그야말로 '검은 황금'이 가져온 기적이었습니다.

밝은 면 뒤에는 어두운 면이 있게 마련입니다. 많은 산유국이 석유 판매에만 안주했습니다. 그 바람에 제조업이나 농업, 첨단 산업 같은 다른 산업을 키우는 일에는 소홀했지요. 이런 현상을 '렌티어 국가Rentier State의 함정에 빠졌다'고 표현합니다. 렌티어란 '노동은 하지 않고 임대료를 받아 살아가는 사람들'을 말합니다. 쉽게 말하면 '건물주'인 셈이죠. 렌티어 국가는, 건물주가 임대료로 살아가는 것처럼, 자국의 자원을 해외에 팔거나 임대한 수입으로 운영되는 국가를 의미합니다. 이런 나라들의 국민은 열심히 노동하지 않아도 국가의 지원을 받아 살아갈 수 있습니다. 이렇다 보니 적극적으로 삶을 개척하려는 의지가 강하지 않았습니다.

또한 석유 렌티어 국가는 나라 재정이 국제 유가의 변동에 따라 마치 롤러코스터처럼 오르락내리락하는 매우 취약한 경제 구조를 갖게 됩니다. 여기에 소수의 왕족이나 정치 엘리트 집단이 석유와 관련된 것을 모두 독점하니 사회 전반적으로 부정부패가 심하고 빈부 격차도 아주 큽니다. 석유가 주 수입원이니 굳이 국민의 눈치를 볼 필요가 없어, 자연스레 민주주의를 멀리하고 자기들 마음대로 통치하게 되고요.

2003년 이라크 전쟁은 '자원 약탈 전쟁'이라는 의심을 받고 있다. 미국이 이라크를 침공하면서 시작된 이 전쟁은 2011년 끝나는데, 침공 이유 중 하나가 이라크가 대량살상무기를 보유하고 있다는 것이었다. 하지만 끝내 무기는 발견되지 않았다. 미국이 이라크의 석유를 빼앗기 위해 벌인 전쟁이라는 분석이 많다. 사진은 수송기에 오르려는 미국 해병대원들

　석유 렌티어 국가들은 석유 때문에 다른 나라들의 타깃이 되기도 합니다. 특히 미국을 비롯한 강대국들은 석유 자원을 지배하면 세계 에너지 공급망을 통제할 수 있기 때문에 석유 자원을 지배할 기회를 호시탐탐 노립니다. 강대국들이 석유 렌티어 국가들에 끊임없이 정치, 군사적 개입을 하는 이유이지요. 그래서 석유 자원이 풍부한 서남아시아와 북아프리카를 '세계의 화약고'라고 합니다. 미국을 비롯한 여러 나라가 이곳의 석유를 차지하려고 툭하면 분쟁을 일으키기 때문입니다.

달러를 부활시킨 오일 파워

서남아시아 산유국들은 단순히 국제 유가만 쥐락펴락하지 않았습니다. 미국 달러의 위상을 회복시키는 데도 결정적인 역할을 하죠. 내막은 이렇습니다. 2차 대전 막바지에 세계 경제 질서가 재편됩니다. 이 과정에서 미국은 달러를 언제든 금으로 바꿔 주겠다고 전 세계에 약속합니다. 금은 언제나 누구든 그 가치를 신뢰하는 재화였기 때문에 달러에 대한 신뢰도가 자연스레 올라갔지요. 마침내 달러가 세계 금융 거래의 기준이 되는 기축통화(국제 금융 거래의 기본이 되는 화폐)가 됩니다. 쉽게 말하면, 달러만 있으면 세계에서 못 살 물건이 없다는 얘기입니다.

그런데 문제가 생깁니다. 미국이 달러를 너무 많이 발행한 겁니다. 결국 달러와 교환해 주겠다고 약속한 금이 상대적으로 부족해집니다. 1971년 미국 닉슨 대통령은 더는 달러를 금으로 바꾸어 줄 수 없다는 충격적인 선언을 하고 말지요. 금이라는 든든한 뒷받침이 사라지자, 달러의 가치와 기축통화의 지위는 크게 흔들렸습니다.

바로 이때, 구원투수로 등판한 것이 검은 황금, 석유입니다. 미국은 1차 오일 쇼크 직후인 1970년대 중반, 세계 최대 산유국인 사우디아라비아와 긴밀히 합의해 모든 석유 거래 대금을 오직 미국 달러로만 결제하도록 하는 시스템, 즉 '페트로(Petro, 석유) 달러 시스템'을 구축합니다. 이 대가로 사우디아라비아는 미국으로부터 든든

지구가 점점 더 뜨거워지고 있다. 뜨거워지는 속도를 늦출 방법 중 하나로 제안된 것이 석유를 비롯한 화석 연료를 더는 쓰지 말자는 움직임이다. 이런 흐름에 산유국들도 다른 살길을 모색하고 있다. 아랍에미리트의 경우 관광 산업에 주력하고 있다. 사진은 아랍에미리트 두바이에 건설된 관광 명소 인공섬 팜 주메이라Palm Jumeirah

한 군사 지원을 약속받습니다. 석유 덕분에 미국이라는 국가 경호원을 둔 셈이지요. 이때부터 세계 모든 나라가 석유를 사려면 반드시 달러를 먼저 구해야 했습니다. 당연히 세계에서 달러를 필요로 했고, 그 결과 달러는 기축통화의 지위를 회복하게 되죠. 서남아시아의 오일 파워가 달러의 운명까지 바꾸어 놓은 겁니다.

석유 이후의 시대로!

21세기가 되면서 석유는 더는 최고 자리에 앉아 있을 수 없게 됩니다. 미국에서 셰일 오일, 셰일 가스라는 새로운 자원이 발견되었거든요. 또 OPEC 회원국이 아닌 다른 나라들 이를테면 러시아 등에서도 석유가 발견되어 경쟁자가 늘어났기 때문입니다. 이보다 더 큰 문제는 기후 위기가 극심해져 더는 화석 연료를 쓰지 말자는 움직임이 세계적으로 확산하고 있다는 점입니다. 세계가 지구 온도를 낮추기 위해 탄소 중립을 실천하고, 신재생 에너지를 쓰자고 합니다.

이런 현실을 감안할 때, 석유를 찾는 손길은 점점 더 줄어들 가능성이 큽니다. 서남아시아 국가들도 이를 알아차리고 위기감을 느끼고 있습니다. 석유 이후 시대를 대비하기 위해 힘겨운 몸부림을 치고 있지요. 사우디아라비아와 아랍에미리트만 해도 제조업, 금융과 관광 산업 등을 육성하려 애쓰고 있습니다. 하지만 미래는 장담할 수 없지요. 세계 경제를 움직이는 핵심 에너지가 아직까지는 석유라는 사실을 잊어서는 안 될 겁니다.

한편 한국은 어떤가요. 서남아시아 국가들처럼 막대한 천연자원을 가지고 있나요? 한국은 '사람'밖에 가진 것이 없다는 말 많이 들어 봤을 겁니다. 다음 이야기에서는 천연자원은 부족하지만 그 대신 '인적 자원'이 풍부한 한국에 대해 알아보겠습니다.

탄소 중립

인간 활동으로 배출된 온실가스 양을 최대한 줄이고, 남은 온실가스는 산림·갯벌 등에서 흡수하거나 기술로 제거해 실질적인 순배출량을 '0(Zero)'으로 만들자는 개념이다.

신재생 에너지

신재생 에너지는 기존 화석 연료를 대체하는 신에너지와 자연에서 얻는 재생 에너지를 합친 개념이다. 신에너지는 화석 연료를 변환(고온·고압에서 화학적으로 변환시켜 기체나 액체 형태의 합성연료를 만드는 것)하거나 수소와 산소의 화학 반응으로 얻는 에너지(예: 수소 에너지)이고, 재생 에너지는 태양·바람·물·지열 등 자연의 힘을 이용하는 에너지(예: 태양광, 풍력, 수력)를 말한다.

천연자원이 없어도 생존할 수 있을까

천연자원 vs 인적 자원

한국의 대표적인 공업 도시 울산의 조선소.

용접 기술사 승태 씨는 오늘도 강철 블록들 사이를 분주히 오가며 작업에 열중하고 있습니다. 주변에서는 크레인이 육중한 선박 블록을 옮기는 소리, 철판을 자르고 망치로 두드리는 소리, 작업 내용을 주고받는 동료들의 소리가 뒤섞여 왕왕거렸습니다.

승태 씨와 수백 명의 동료가 만들고 있는 것은 액화천연가스LNG, Liquefied Natural Gas 수송선이었습니다. 천연가스는 기체 상태인데 운반하려면 부피가 너무 커 압축해야 합니다. 그래서 영하 162℃까지 냉각해 액체로 만들죠. 그러면 부피를 600분의 1로 줄일 수 있거든요. 이렇게 압축한 천연가스를 운반하는 선박이 바로 LNG 수송선입니다.

LNG 수송선은 아무나 만들 수 있는 것이 아닙니다. 고급 전문 기술이 필요합니다. 일례로 영하 162℃의 초저온에서도 깨지지 않는 특수한 금속 탱크를 만들 수 있어야 하고, 천연가스가 새어 나가지 못하게 하는 외과 수술에 준하는 정밀한 용접 기술도 필요합니다. 승태 씨 같은 전문 기술자들의 손을 거쳐 생산된 LNG 수송선은 1척에 3000억~4000억 원의 고가에 팔립니다.

한국의 조선업계는 LNG 수송선 등을 팔아 많은 돈을 벌어들입니다. 2024년 기준 세계 LNG 수송선 생산 시장의 70퍼센트 이상을 한국이 차지하고 있습니다. 'LNG 수송선=made in Korea'가 공식일 정도지요. 그런데 한 가지 흥미로운 사실은 LNG 수송선을 만드는 데 들어가는 모든 원료가 수입산이라는 겁니다. 배를 만드는 기술만이 한국의 것입니다. 즉 '인적 자원'만 우리 것입니다.

"우리나라에선 가스가 전혀 안 나지만, 가스 실어 나르는 배는 세상에서 우리가 가장 잘 만든다, 내 말이 틀리나?"

휴식 시간에 승태 씨가 동료의 어깨를 툭 치며 던진 말입니다. 자부심과 긍지가 느껴집니다. 한국은 변변한 자원 하나 없는 환경에서 어떻게 인적 자원만으로 세계가 엄지손가락을 세우는 제조업 강국이 될 수 있었을까요?

물론 이런 나라가 우리뿐만은 아닙니다. 일본 역시 비슷한 과정을 거쳐 왔으니까요. 두 나라의 가장 큰 성공 요인은 무엇일까요. 바로 '사람의 힘', 즉 우수한 인적 자원을 많이 확보하고 있다는 것입니다. 그러면 이런 인적 자원은 어떻게 확보할 수 있었을까요. 오랫동안 국가와 사회가 '교육'에 투자한 결과라 할 수 있습니다. 이제부터 한국과 일본, 이 두 천연자원 빈국이 어떻게 인적 자원을 발판 삼아 성공 신화를 써 내려갔는지 그 과정을 살펴보겠습니다.

폐허에 남은 건 사람뿐

한국과 일본은 모두 20세기 중반 큰 전쟁을 겪었습니다. 폐허에서 국가를 다시 일으켜 세워야 했지요. 좀 더 구체적으로 보면, 일본은 2차 대전 때 패전국이었죠. 한국은 광복을 맞은 지 얼마 안 되어 동족상잔(같은 겨레끼리 서로 싸우고 죽이는 것)의 비극인 6·25전쟁을 겪었습니다. 각자의 사정은 달랐지만 두 나라 모두 폐허에서 새로 시작해야 했다는 점에서는 비슷한 처지였죠.

이런 현실에서 두 나라가 기댈 것은 오직 '사람'뿐이었습니다. 천연자원 대신 인적 자원을 국가 발전의 핵심 동력으로 삼아야 한다는 것은 선택이 아닌 필연이었습니다. 양국은 인적 자원을 길러 내기 위해 교육에 힘을 썼습니다.

한국은 1950년부터 국민학교(현재의 초등학교) 6년 과정을 의무교

6·25 전쟁 이후 한국을 다시 일으켜 세운 건 '사람' 그 자체였다. 1962년 대전공업고등학교 실습 장면

육으로 정했습니다. 당시 나라가 아주 가난했는데도 교육 예산을 2 배 가까이 늘려 학교를 짓는 등 교육에 투자했지요. 그 결과 1959년 에는 전국 아동의 95퍼센트가량이 국민학교에 다닐 수 있었습니다. 일본은 2차 대전 직후인 1947년부터 소학교 6년(한국의 초등학교 과정)과 중학교 3년 총 9년 과정을 의무교육으로 정했습니다. 소학교 과정은 이전부터 의무교육이었는데, 중학교까지 의무교육으로 정한 거지요.

물론 한국과 일본 모두 교육 방식 때문에 때때로 지적을 받았습니다. 지식을 달달 암기시켜 '주입'한다는 것이죠. 하지만 산업화가 급속도로 진행된 1960~1980년대에는 이런 교육 방식이 도리어 큰 도움이 되었습니다. 단기간에 많은 지식과 기술을 습득할 수 있었으니까요.

창의력이 관건

모든 성장이 그렇듯이 두 나라의 성장 역시 계속되지는 않았습니다. 21세기 초반 4차 산업혁명 시대로 접어들면서 위기를 맞지요. 4차 산업혁명 시대에는 창의력이 가장 중요한데, 두 나라의 인적 자원은 주입식 사고에 더 익숙했기 때문입니다. 이제는 정해진 답을 찾기보다는 새로운 질문을 던지고, 창의적으로 사고하며, 경계를 넘어 협력하고 능동적으로 문제를 해결하는 인재가 필요하다는 것이죠.

이보다 더 큰 문제는 두 나라 모두 저출생과 고령화 현상이 심각하다는 것입니다. 이것은 실제로 일할 수 있는 사람(15~64세)이 급격히 줄어들고 있다는 뜻입니다. 천연자원 대신 오직 사람의 힘으로 성장해 온 두 나라로서는 벼랑 끝에 서 있는 상황이죠.

4차 산업혁명

2016년 1월 스위스 다보스포럼에서 처음 제시된 용어다. 인공지능, 빅데이터, 사물인터넷, 로봇, 3D 프린팅, 바이오 기술 등의 첨단 기술이 서로 융합해 혁신적인 변화를 일으키는 시대를 뜻한다. '세계경제포럼'이라고도 하는 다보스포럼은 매년 초 스위스 다보스에서 열린다. 세계 주요 정상들과 기업인, 경제학자 등이 모여 글로벌 경제, 정치, 사회 이슈를 논의하고 해결책을 모색하는 국제 민간 회의다.

한국에는 다른 문제도 있습니다. 인적 자원의 쏠림 현상입니다. 4차 산업혁명 시대에는 기본적으로 기초 과학·첨단 공학 분야의 인재가 많이 필요한데, 최상위권 인재들이 의과대학으로만 몰려드는 겁니다. 의사는 안정적으로 돈을 많이 벌 수 있는 데다 사회적으로도 인정받는 직업이니까요.

반면 승태 씨가 근무하는 조선소 같은 핵심 제조업 현장에서는 젊은 노동자들을 구하기가 어렵습니다. 육체적으로 많이 고된 업무지만 경제적인 보상은 생각보다 많지 않기 때문이죠. 이런 일터의 빈자리를 이주노동자들이 메우고 있는 것이 현실입니다. 이런 인재 쏠림 현상과 기술 인력 부족 문제가 해결되지 않는다면, 일례로 세계에서 손꼽히는 'made in korea' LNG 수송선의 영광은 오래가지 못할 것입니다.

지금까지는 나라 안의 문제였습니다. 나라 밖에도 큰 문제가 도사리고 있습니다. 중국의 부상입니다. 중국은 천연자원이 풍부할 뿐만 아니라, 인구도 많으며, 국가 차원에서 인공지능·우주항공 같은 첨단 공학 분야에 적극적으로 투자하고 있죠. 4차 산업혁명 시대에 필요한 모든 것을 고루 갖추고 있는 겁니다. 한국과 일본은 이런 중국과 경쟁해야 합니다.

이처럼 한국과 일본 두 나라 앞에는 문제가 겹겹이 쌓여 있습니다. 과연 해법을 찾을 수 있을까요. 먼저, 교육에서 힘을 얻었으니 교육 시스템을 4차 산업혁명 시대에 맞게 바꿀 필요가 있습니다. 또한

중국은 인공지능, 빅데이터, 로봇 등 4차 산업혁명 핵심 분야 인재를 적극적으로 양성하고 있다. 2030년까지 인공지능 분야에서 세계 최강국이 되는 것이 목표이고, 이를 실현하기 위해 초등학교에서부터 인공지능 교육을 강화하고 있다. 량원펑 같은 젊은 인재들을 발굴, 육성하는 데도 힘을 쏟는다. 사진은 2019년 8월 상하이 행사장에서 기조연설 중인 량원펑. 량원펑은 중국의 생성형 인공지능 개발 기업 딥시크DeepSeek 창립자다. 그는 해외 유학 경험이 없다고 한다.

의과대학 쏠림 현상에서 보듯 특정 분야에만 인재가 몰리지 않게 해야 할 것입니다. 그러자면 승태 씨 같은 이공계 인재나 숙련된 기술자들이 온전히 존중받고, 지금보다 더 나은 환경에서 일하며, 합당한 보상을 받을 수 있는 사회 시스템을 만드는 것이 중요합니다. 일할 수 있는 사람들을 늘리려는 대책 또한 필요합니다. 건강하고 경험 많은 노인 인구, 즉 '실버 인적 자원'에 주목하는 것이 한 예가 될 수 있겠지요.

그런데 이렇게 우수한 인적 자원을 보유한 국가는 한국과 일본만이 아닙니다. 오랫동안 학문과 예술, 그리고 과학 기술을 꽃피우며 인류 문명의 발전을 이끌어 온 또 다른 대륙이 있습니다. 바로 유럽입니다. 다음 장에서는 천연자원은 부족하지만 우수한 인적 자원과 기술력, 그리고 매력적인 문화 자원을 바탕으로 세계 경제를 떠받치는 중요한 기둥인 유럽의 자원에 대해 알아보겠습니다.

3장

유럽

스위스 시계는 어떻게 탄생했나

천연자원 vs 문화 자원

스위스 서부 한적한 마을 라쇼드퐁의 오래된 시계 공방.

백발의 장인 장 피에르가 확대경에 눈을 바짝 대고는 숨을 죽인 채 핀셋으로 머리카락보다 가느다란 시계 부품들을 조심스럽게 다루고 있습니다. 그의 어깨 너머로는 만년설이 내려앉은 알프스 봉우리가 보입니다.

"자, 이걸 이렇게… 음, 완성되었군."

피에르가 시계에 동력을 부여하는 크라운을 감아 올리자 시계의 심장부인 무브먼트가 서서히 박동하기 시작합니다. 이제 수백 개의 부품이 각자의 역할을 하며 아름답게 작동합니다. 피에르는 작은 우주를 창조한 것 같은 기분에 휩싸입니다.

사실 시계 하나에 들어가는 재료의 양은 얼마 되지 않습니다. 하지만 여기에 스위스 메이드Swiss Made가 붙는 순간, 절대적인 신뢰와 경제적 가치가 더해지죠. 그 가치는 수백 배럴의 원유보다 훨씬 더 높습니다.

피에르는 문득 작업대의 부품들을 내려다보며 뿌듯해했습니다.

'우리 스위스는 알프스라는 천혜의 관광 자원 말고는 이렇다 할 지하자원 하나 나지 않는 작은 나라인데, 어떻게 세계에서 가장 부유하고 혁신적인 나라가 되었을까?'

답은 그의 손끝에 있을지 모릅니다. 사람의 머리와 손에 깃든 정성, 그리고 이것에 대한 믿음이 '보이지 않는 자원'이 된 것은 아닐까요.

자원이 없으면 기술로!

스위스의 시계는 자원이 풍부하지 않은데도 세계를 이끌어 온 유럽의 힘을 상징적으로 보여 줍니다. 물론 유럽에 천연자원이 아예 없는 건 아닙니다. 북해에는 석유와 천연가스, 독일과 폴란드에는 석탄, 스칸디나비아반도에는 철광석 등이 매장되어 있습니다. 하지만 유럽 전체의 경제 규모와 인구를 감안하면 넉넉지 않은 양입니다. 살림 규모는 큰데 쌀은 늘 부족한 집과 비슷하지요.

유럽은 어떻게 이런 현실을 극복하고 세계적인 기술, 경제 강국으로 발전한 것일까요. 그 비결을 알아보겠습니다.

첫 번째 비결은, 유럽은 일찍부터 '사람'의 가치에 주목했다는 사실입니다. 유럽은 부족한 천연자원을 대신할 수 있는 것은 결국 인간의 지혜와 능력뿐이라고 여겼습니다. 오래전부터 대학을 세워 기초 과학 등의 학문을 연구하는 한편, 각 분야의 장인을 존중하고 숙련공들을 체계적으로 길러 내는 시스템도 발전시켰습니다. 수준 높은 교육을 받은 인적 자원은 기술 혁신과 산업 발전을 이끄는 가장 큰 동력이 되었습니다.

두 번째 비결은, 유럽은 자원이 부족했기 때문에 기술 혁신을 위해 끊임없이 노력했다는 것입니다. 예를 들어, 경제 규모에 비해 석탄이나 철광석이 부족하니 더 적은 자원으로 더 강하고 가벼운 철강을 만드는 기술, 더 적은 연료로 더 멀리 가는 자동차나 비행기를 만드는 기술 개발에 몰두했습니다. 또한 단순히 원자재를 가공하는 수준을 넘어, 수준 높은 디자인과 정밀 공학, 첨단 기술을 결합하여 자동차, 기계, 우주항공 등의 고부가가치 산업에서 앞서 나갔습니다. 새로운 동력을 일으킨 증기 기관, 전기를 보존하는 휴대용 배터리, 가솔린 자동차, 감염병을 예방하는 백신과 세균에 맞서 이기는 항생제, 오늘날 항공 기술의 결정체인 제트엔진 등이 유럽에서 발명된 것만

유럽은 천연자원이 넉넉하지 않다. 이런 불리한 환경을 극복하기 위해 오래전부터 대학을 세워 공부에 매진했다. 그 결과 끊임없이 새로운 것을 발명하고 기술을 향상할 수 있었다. 사진은 세계에서 가장 오래된 이탈리아 볼로냐 대학교와 두 번째로 오래된 옥스퍼드 대학교(아래)

봐도 알 수 있는 일이죠.

세 번째 비결은, 유럽은 사회 시스템이 안정되어 있고 유럽 국가들 끼리 협력도 잘된다는 것입니다. 기업은 기술 혁신에만 매진하면 되었던 거죠. 어떤 협력인지 더 살펴보면, 유럽 국가들은 2차 대전 이후 여러 단계를 거쳐 1993년 마침내 유럽연합이라는 공동체를 만듭니다. 유럽연합 회원국은 인적 자원을 자유롭게 오가게 하고 연구 개발도 함께하는 등 개별 국가로서 한계를 극복해 나갔습니다. 여러 작은 시냇물이 모여 거대한 강을 이룬 셈이죠.

네 번째 비결은, 유럽은 비록 땅속에 자원이 많지 않아도 땅 위에는 문화재·기념물·건축물 등의 '문화 자원'이 풍부하다는 것입니다. 로마의 콜로세움, 파리의 루브르박물관과 에펠탑, 런던의 영국박물관, 프라하의 아름다운 구시가지 등 유럽 전역에 수많은 문화 자원이 흩어져 있습니다. 문화 자원은 그 자체로 엄청난 돈을 벌어들이고요. 문화 자원을 보러 사람들이 몰려들기 때문에 관광 산업도 함께 발전했습니다.

유럽은 땅속 자원 대신 이야기와 스타일, 역사와 예술이라는 눈에 보이지는 않지만 강력한 문화 자원을 통해 막대한 부가가치를 만들어 내는 데 성공했습니다. 세계적으로 유명한 패션 브랜드(예: 샤넬, 에르메스, 구찌 등), 정밀한 제품 브랜드(예: 벤츠 자동차, 헹켈 칼, 파버카스텔 만년필 등), 가구 브랜드(예: 칼한센, 프리츠한센, 헤이 등) 등이 문화 자원을 활용해 성공한 대표적인 예죠. 이 제품들은 오랫동안 축

적된 장인 정신과 창의성, 그리고 '유럽적인 것'에 대한 세계인의 동경을 브랜드로 담아낸 결과입니다.

추월당하는 유럽

이처럼 유럽은 인적 자원과 기술 혁신, 그리고 풍부한 문화 자원을 바탕으로 오랫동안 세계를 이끌어 왔습니다. 하지만 이런 유럽의 위상이 21세기에 들어서면서 달라집니다. 선두 자리를 지키기 어려워진 것이죠. 왜일까요? 1991년 소련이 해체되면서 냉전 시대가 막을 내립니다. 이후 세계는 세계화 시대로 접어듭니다.

세계화는 정치, 경제, 사회, 문화 등 여러 분야에서 국경이 허물어지고 세계가 하나로 통합되는 현상을 말합니다. 교통, 통신, 정보 기술의 발달로 사람뿐 아니라 물자, 자본, 정보 등이 자유롭게 오갈 수 있게 된 것이죠. 유럽 입장에서는 세계화로 인해 경쟁자들이 늘어났습니다. 유럽만 문화 자원을 갖고 있지 않으니까요.

더욱이 미국, 중국 등이 기술 강국으로 떠오릅니다. 유럽이 여러 첨단 산업 분야에서 과거처럼 주도권을 장악하기 어려워졌죠. 단적인 예로 노벨상 과학 분야 수상자들을 살펴보면 이런 변화를 확인할 수 있습니다. 노벨상 자체가 유럽에서 시작되었죠. 초기에는 유럽 출신 과학자들이 압도적으로 많이 수상했는데, 2차 대전 이후에는 미국 국적 또는 미국 대학 소속의 수상자가 절반을 훌쩍 넘기게 됩니다. 사실상 미국이 싹쓸이하다시피 하죠. 유럽은 자신들이 더는 '학문과 과학의 중심'이라고 자부할 수 없게 되었습니다.

또한 유럽은 인공지능, 반도체, 전기자동차, 우주항공 등 미래 핵심 산업 분야에서 미국과 중국에 뒤처지고 있습니다. 우수한 인재들이 더 나은 연구 환경과 기회를 찾아 미국 등으로 떠나는 것이 주원인이라고 하지요. 유럽은 과거의 성공 방식과 안정된 시스템에 안주하다 이렇게 추월을 당한 것이 아닐까요. 미국, 중국뿐인가요. 한국, 대만, 일본 등 아시아 국가들도 유럽을 바짝 뒤쫓거나 오히려 앞지르고 있습니다.

이런 현실에서 유럽은 부족한 에너지 때문에 어려움도 겪고 있습니다. 일례로 유럽은 러시아에서 천연가스를 사서 쓰는데, 러시아가 이런 상황을 약점으로 삼아 유럽을 들었다 놨다 하는 겁니다. 다음 이야기에서 더 자세히 살펴볼게요.

러시아-우크라이나 전쟁은 왜 유럽의 겨울을 흔들었나

유럽 vs 러시아 천연가스

2022년 독일 베를린의 한 아파트.

회사원 클라우스 씨는 방금 우편함에서 꺼내든 에너지 요금 고지서를 보고는 눈을 의심했습니다. 몇 달 사이에 요금이 확 올랐기 때문이죠. 러시아가 우크라이나를 침공한 이후 에너지 시장이 불안하다는 뉴스가 연일 흘러나왔지만, 바로 자기 지갑에 영향을 주리라곤 생각지 못했던 겁니다.

TV를 켜니 마침 뉴스가 나옵니다. 러시아 국영 가스 회사인 가스프롬Gazprom이 '정기 유지 보수'니 '기술적 결함'이라는 이해하기 어려운 이유를 대며 노르트스트림Nord Stream의 밸브를 잠그고 있다는 내용이었습니다. 노르트스트림은 러시아의 천연가스를 발트해 해저를 통해 독일을 포함한 유럽으로 수송하는 관입니다. 독일 정부는 올겨울 최악의 경우 가스가 부족해 난방이 끊길 수 있다며, 기업과 시민들에게 에너지 절약을 간곡히 호소했습니다. '샤워는 짧게, 난방 온도는 1~2도 낮게!'라는 공익 광고까지 등장할 정도였죠.

클라우스 씨는 씁쓸하게 웃으며 오늘 당장 실천해야겠다고 다짐합니다. 그리고 수십 년간 공기처럼 당연시했던 것들이 러시아의 천연가스 덕분이었다는 사실에 새삼 놀랐습니다. 저렴하고 안정적이라고 굳게 믿었던 천연가스라는 '목숨줄'이 러시아 변덕에 언제든지 끊길 수 있는 가느다란 외줄이었음을, 그리고 그 외줄에 유럽 전체가 너무 오랫동안 안일하게 매달려 있었음을 뼈저리게 느끼는 순간이기도 했습니다.

'우리가 너무 순진했던 걸까? 어떻게 단 하나의 나라, 그것도 저렇게 예측 불가능하게 돌변할 수 있는 나라에 우리 집 난방의 운명을 맡기고 있었던 거지?'

한겨울이 눈앞에 닥친 많은 유럽인 역시 클라우스 씨와 같은 질문을 던졌을 겁니다. 유럽은 어쩌다 '러시아 천연가스'에 발목을 잡힌 것일까요?

가스 밸브를 잠근 러시아

유럽은 1960년대 후반부터 러시아 천연가스를 쓰기 시작했습니다. 1990~2000년대를 거치면서 사용량이 크게 늘어 더 의존하게 되었죠. 유럽에서도 천연가스는 생산되었지만, 원체 매장량이 적은 데다 천연가스 생산 과정에서 환경 오염 문제 등도 생겨 수입을 늘리게 된 겁니다.

그런데 유럽은 왜 하필 천연가스에 의존하게 된 것일까요? 가장 근본적인 이유는 천연가스 주요 생산국인 러시아가 지리적으로 가까웠기 때문입니다. 이런 이점에 천연가스는 석탄이나 석유에 비해 연소 시 이산화탄소까지 덜 배출하니 환경을 중요시하는 유럽은 천연가스를 더 많이 쓰게 된 것이죠.

지나친 의존은 당연히 문제를 낳습니다. 러시아는 어느 순간 자신의 힘을 자각했고, 천연가스 공급을 무기로 내세우게 됩니다. 그런데도 유럽은 안정적이고 저렴하게 공급받을 수 있다는, 경제적인 이익을 우선시해 러시아를 달래 가며 천연가스를 계속 써 왔죠.

그런데 더는 그럴 수 없는 일이 벌어집니다. 러시아-우크라이나 전쟁이 일어났기 때문이죠.

러시아–유럽을 잇는 노르트스트림 경로. 2개의 파이프라인 시스템이 존재하며, 각각은 2개의 해저관으로 구성되어 총 4개의 해저관이 있다. 2022년 9월 원인 불명의 폭발 사건이 일어나 4개의 해저관 중 3개가 심각하게 손상되었다. 독일은 러시아의 우크라이나 침공에 대한 제재 조치로 나머지 1개도 가동을 중단했다. 2025년 11월 현재 노르트스트림은 모두 가동이 중단된 상태다. 아래 사진은 노르트스트림 해저관

다른 에너지를 찾아서

2022년 2월, 러시아가 우크라이나를 침공합니다. 유럽은 미국과 함께 러시아를 규탄합니다. 경제 제재도 가하죠. 그러자 러시아가 보복합니다. 유럽에 공급하는 천연가스 밸브를 잠그기 시작한 겁니다. 여러 구실을 댔지만, 의도는 명백했습니다. 독일을 비롯한 유럽은 곤경에 처하죠. 천연가스 가격이 그야말로 천정부지로 치솟은 겁니다. 클라우스 씨처럼 가정에선 난방비 폭탄을 맞고 유럽 전역의 공장들은 마음껏 가동할 수 없었으며, 물가도 폭등했습니다. 유럽은 수십 년 만에 최악의 에너지 위기이자 경제 위기를 맞습니다.

결국 유럽연합은 2028년부터 러시아 천연가스를 수입하지 않기로 했습니다. 그리고 늦은 감이 있지만 대책을 마련해 갔습니다. 우선, 당장 부족한 천연가스를 메우기 위해 다른 공급처를 찾아 나섰죠. 다행히 알제리, 아제르바이잔 등에서 천연가스를 공급받을 수 있었습니다.

유럽은 액화천연가스LNG에도 주목합니다. 비싼 가격에도 미국, 카타르 등에서 앞다투어 LNG를 사들였고, LNG를 수송하기 위한 LNG 수송선도 대량으로 주문했습니다. 세계에서 LNG 수송선을 가장 잘 만드는 한국 조선업이 갑작스러운 호황을 누린 배경이기도 합니다.

유럽은 에너지 절약 운동도 병행했습니다. 클라우스 씨처럼 시민

2022년 3월 19일 독일 뒤셀도르프에서 열린 러-우 반전 시위. 플래카드에 "석유·가스 금수 조치"라고 쓰여 있다. 시위대는 독일 정부가 러시아에 전쟁 책임을 묻고 경제적인 제재를 가할 것을 요구했다. 독일이 러시아에 제재를 가하자 러시아는 천연가스 밸브를 잠그는 것으로 맞섰다. 이 일로 독일은 재생 에너지를 주 에너지원으로 삼는 등 에너지 정책을 바꾸어 나가고 있다.

들은 자발적으로 난방 온도를 낮추고 불필요한 전기 사용을 줄였으며, 정부는 공공 기관의 난방과 조명도 제한했죠. 더 나아가 유럽은 화석 연료 말고 태양광, 풍력 등 재생 에너지를 쓰기로 하고 설비 투자를 대폭 늘리고 있는 상황입니다. 하지만 어떤 에너지원을 중심으

에너지 안보

국가가 국민 생활과 산업 활동에 필요한 에너지를 지속적이고 안정적이며 경제적으로 공급받을 수 있는 능력을 말한다. 에너지에 왜 안보란 말이 붙은 것일까? 현대 사회는 에너지 없이는 경제와 사회 시스템이 마비되기 때문이다. 에너지 수급 차질은 산업 활동과 일상생활에 직접적인 영향을 미치고, 에너지 수출국이 공급을 무기로 삼을 경우 공급받는 국가는 경제와 안보가 크게 흔들릴 수 있다. 특히, 에너지 수입 의존도가 높은 국가는 외부 충격에 취약해 에너지 안보 확보가 필수적이다.

로 미래를 설계할지 확정된 건 아니고 논쟁 중입니다. 예를 들어 독일은 친환경에 주목하며 재생 에너지 확대를 강조하는 반면, 프랑스는 에너지 안보를 강조하며 원자력을 계속 사용하려고 합니다. 다음 글에서 더 자세히 들려줄게요.

독일과 프랑스는 왜
원전을 놓고 갈렸을까

→ 재생 에너지 vs 원자력 에너지

독일과 맞닿은 프랑스 알자스 지방의 작은 마을.

마을 주민 이자벨은 주말에 부모님과 독일로 여행을 가기로 했습니다. 독일에 들어서자 창밖 풍경이 확연히 달라졌습니다. 드넓은 평야에 바람을 기다리는 커다란 나무들처럼 많은 풍력 발전기가 세워져 있었습니다. 태양광 패널들로 덮인 농가의 지붕들은 햇빛을 반사하느라 여념이 없었고요. 독일에서 하루를 보낸 뒤 다시 프랑스로 넘어왔을 때는 또 풍경이 달라졌습니다. 성채처럼 보이는 원자력 발전소(이하 원전)의 거대한 냉각탑들이 하얀 수증기를 뿜어내고 있었거든요.

"정말 신기하단 말이야. 바로 옆 나라인데 이렇게 다를 수가 있나?"

이자벨은 중얼거렸습니다. 이웃한 두 강대국, 독일과 프랑스가 미래의 에너지를 준비하는 방식이 이렇게 극명하게 다르다는 사실에 새삼 놀랐고요.

재생 에너지냐, 원자력이냐

독일은 2011년 일본 후쿠시마 원자력 발전소 사고를 목도하면서 원전들을 단계적으로 폐쇄하기로 결정합니다. 국민이 강력히 요구한 결과였습니다. 독일은 원자력 대신 풍력, 태양광 등의 재생 에너지 확대에 집중합니다. 반면, 프랑스는 '원자력 르네상스'를 외치죠. 프랑스는 오래전부터 전체 전력의 약 70퍼센트를 원자력에서 얻었을 정도로 원자력 강국이었습니다. 원자력은 적은 연료로도 많은 에너지를 생산하고, 이산화탄소 배출량이 적어 친환경적인 장점이 있는 반면, 사고가 나서 방사선이 누출되면 많은 사람이 목숨을 잃을 뿐 아니라 원전이 세워진 곳과 주변 지역을 버려야 할 정도로 피해가 큰 단점이 있죠. 1986년에 일어난 체르노빌 원자력 발전소 사고와 후쿠시마 원자력 발전소 사고만 봐도 알 수 있는 일입니다. 이런 문제 때문에 세계 각국에서는 원자력을 계속 써야 할지 말지 고심하고 있는데, 프랑스는 계속 원자력을 끌고 가려는 것이죠. 최근에는 낡은 원전의 성능을 개선하는 것은 물론, 차세대 소형 원자로 같은 원전 건설까지 적극적으로 추진하고 있으니까요.

세계는 두 나라의 정책 방향을 바라보며 의견이 갈렸습니다. 이자벨의 이웃들도 그랬습니다. 어떤 이들은 "독일처럼 재생 에너지만 믿다가 바람 안 불고 해 안 뜨면 어쩔 거예요? 결국 돈 주고 비싸게 전기를 수입하거나 겨울에 얼어죽는 수밖에 없을걸요" 하며 독일의 선택을 비판했고, 어떤 이들은 "아무리 그래도 원자력은 너무 위험해요. 프랑스는 언제 터질지 모를 시한폭탄을 옆에 두고 사는 거라고요"라며 프랑스의 선택을 걱정했습니다.

과연 어떤 길이 옳을까요? 두 나라만의 문제가 아닙니다. 유럽, 나아가 세계가 '에너지 전환'이라는 큰 숙제를 앞에 두고 있습니다.

체르노빌이 남긴 교훈

독일이 가려는 길은 매우 힘듭니다. 지금껏 독일 산업을 이끌어 온 에너지는 원자력과 석탄에서 나왔습니다. 이 두 에너지를 포기하고, 오직 재생 에너지만 쓰겠다는 건 보통 결단이 아닙니다.

독일은 왜 이런 선택을 했을까요? 배경이 있습니다. 1986년 소련에서 일어난 체르노빌 원자력 발전소 폭발 사고가 그것입니다. 이 사고는 독일 사회에 큰 충격을 주었습니다. 사고 당시 원전에서 새어 나온 방사성 물질이 바람을 타고 유럽 전역으로 퍼져 나갔는데,

방사성 물질, 방사능, 방사선

방사성 물질은 스스로 붕괴하면서 방사선을 방출하는 성질을 가진 물질로 우라늄, 토륨 등이 그 예다. 방사능은 방사성 물질이 얼마나 활발하게 방사선을 방출하는지, 즉 방사선을 방출하는 능력 자체를 의미한다. 방사선은 방사성 물질이 방사능에 의해 방출하는 에너지의 흐름(빛 또는 입자)을 말한다. 인체에 해로운 것은 방사선이다. 방사성 물질이 붕괴하며 내뿜는 에너지인 방사선이 세포와 DNA를 손상시켜 암이나 백혈병 등을 유발할 수 있다.

독일에도 내려앉았습니다. 독일 북부, 남부 지역의 농산물과 젖소에서 방사성 물질이 검출되었죠. 독일 정부는 이 지역의 농산물을 쓰지 못하게 했고 농가는 당연히 큰 피해를 입었습니다. 이후에도 독일 정부는 방사성 물질 오염에 관해 조사하고 이를 제거하는 데 돈을 쏟아부었습니다. 이 일로 독일 국민도 원전과 방사성 물질에 공포심을 갖게 되었지요.

체르노빌 사고와 이후 일어난 후쿠시마 원자력 발전소 사고도 독일의 원자력 정책에 큰 영향을 끼쳤습니다. 독일 국민은 원전 추가 건설에 반대했고, 결국 독일은 2023년 모든 원전을 중단하고 탈원전에 들어섰습니다. 기후 위기가 극심해지자 화석 연료에서 벗어나자는 세계적인 움직임도 생겨 재생 에너지 쪽으로 방향을 완전히 튼 것이죠. 이런 시도 덕분에 현재 독일은 환경 문제 해결에 앞장서는 나라가 되었고, 미래 재생 에너지 기술 시장을 선점할 야심도 품고 있습니다.

그러나 거듭 강조하지만, 재생 에너지만으로 살아가기는 결코 쉽지 않을 겁니다. 예를 들어 풍력의 경우, 바람이 불지 않거나 날씨가 흐릴 때는 전력 생산량이 급감하니까요. 풍력 발전소는 소음도 아주

1986년 체르노빌 원자력 발전소가 폭발했다. 이 사고로 막대한 방사선이 누출되었다. 수많은 사람이 피폭되어 사망했고, 인근 지역 주민들은 강제로 이주해야 했다. 피폭되어 암 등에 걸리거나 유산, 기형아 출산 등을 겪은 이도 많다. 방사성 물질은 체르노빌에만 머물지 않았다. 인근 국가로까지 날아갔다. 독일도 피해국 중 하나였다. 사진은 폭발한 발전소와 수습 중인 사람들(아래)

큽니다. 발전소 건설에 지역 주민들이 반발하는 이유죠. 독일은 분명 대단한 용기를 보여 준 것이지만, 아직은 성공 여부를 확신할 수 없는 현재 진행형의 도전이라 할 수 있겠습니다.

그래도 '원자력'인 프랑스

앞서 말했듯이 프랑스는 독일과 정반대 길을 걷는다고 할 수 있습니다. 프랑스에게 원자력 발전소는 단순히 전기를 생산하는 곳을 넘어, 국가의 자부심이자 전략 자산입니다. 프랑스는 왜 원전에 관심을 갖게 되었을까요? 1970년대 오일 쇼크를 겪으면서 에너지 자립을 다짐하게 됩니다. 이후 원전을 많이 지었고, 미국 다음으로 원전이 많은 나라가 되었습니다. 급기야 전기를 주변국에 수출하는 에너지 수출국까지 되었죠.

프랑스가 원전에 관심을 갖게 된 구체적인 이유들을 살펴볼게요. 첫 번째 이유는, 원전은 전기를 꾸준하고 안정적으로 생산하기 때문입니다. 앞서 말했듯이 재생 에너지 발전소는 날씨에 따라 발전량이 달라질 수 있는데 원전은 그렇지 않으니까요. 두 번째 이유는, 원전은 화석 연료 발전소와 달리 지구 온난화를 일으키는 이산화탄소를 거의 배출하지 않기 때문입니다. 프랑스는 원전이 기후 위기에 대응하는 좋은 에너지원이라고 여기는 것이죠. 세 번째 이유는, 원전은 건설 비용은 비싸지만, 발전 단가(발전소에서 전력 1킬로와트시kWh 를 생산하는 데 드는 평균 비용)가 저렴해 장기적으로 보면 매우 경제적인 에너지원이 될 수 있기 때문입니다. 프랑스는 원전 건설 기술을 수출도 합니다. 체코의 신규 원전 건설을 두고 한국과 경쟁하기도 했지요.

현재 프랑스의 고민은 이것입니다. 첫 번째 고민은, 운영 중인 원전 대부분이 낡아 수명을 연장하려면 추가적인 비용이 든다는 점입니다. 두 번째는 원전에서 발생한 방사성 폐기물을 어디에 보관하느냐는 문제입니다. 원전은 발전 과정에서 폐연료, 원전 직원들이 입고 사용한 작업복과 도구 등 방사성 폐기물을 발생시키는데, 이 폐기물을 보관할 장소를 마련하는 것이 매우 큰 고민입니다. 그 누구도 자기 주변에 방사성 폐기물을 보관하고 싶어 하지 않을 테니까요. 세 번째는 낡은 원전을 대체할 새로운 원전을 건설할 때 천문학적인 비용과 오랜 기간이 든다는 점입니다. 낡은 원전의 수명을 연장하더라도 결국에는 새로운 원전을 건설해야 하고 이것은 국가 단위의 큰 예산이 들어가는 사업입니다. 그런데도 프랑스는 러시아가 천연가스 밸브를 잠근 사건을 계기로 원자력을 더 중요시하게 되었습니다. 새로운 원전 건설 계획을 밝히며 '원자력 르네상스'를 선언하기에 이르렀으니까요.

이처럼 독일과 프랑스는 에너지 얻는 방법이 전혀 다릅니다. 재생에너지 중심의 독일과 원자력 중심의 프랑스. 앞으로 어느 모델이

독일의 풍력 발전소

프랑스의 원자력 발전소

유럽 에너지 시장에서 주도권을 쥐느냐에 따라 유럽의 풍경은 달라질 겁니다. 어떤 모델이 최종적으로 성공할지 아직은 알 수 없습니다. 두 방식이 서로 보완하며 공존하는 형태가 될 수도 있습니다. 분명한 것은, 러시아 천연가스에 더는 의존하지 않으려는 유럽의 필사적인 노력이 유럽의 에너지 정책을 변화시켰다는 점입니다.

한편 유럽이 이렇게 재생 에너지와 원자력 사이에서 고민하는 동안 대서양 건너편에서는 새로운 에너지 혁명이 일어나고 있었습니다. 바로 땅속 깊은 곳의 암석층에 갇혀 있던 석유와 가스를 뽑아 올리는 셰일 혁명입니다. 이 혁명 덕분에 미국은 단숨에 세계 최대의 산유국이자 에너지 강국으로 부상합니다. 세계 에너지 시장 구도가 흔들리기 시작했습니다. 다음 장에서는 아메리카 대륙으로 무대를 옮겨 미국의 셰일 혁명에 대해 자세히 알아보겠습니다.

4장

아메리카

셰일 혁명은 세계 에너지 시장을 어떻게 바꾸어 놓았을까

석유 vs 셰일 오일

2010년대 초, 미국 중북부 노스다코타주의 광활하지만 척박한 평야에서 수십 년간 밀 농사를 지으며 살아온 존은 우편함에서 얇은 봉투 하나를 꺼냈습니다. 그 안에 든 것을 확인한 존은 화들짝 놀랐습니다. 믿기지 않아 보고 또 보았지요. 지금까지 농사를 지어 번 돈보다 더 큰 금액이 적힌 수표였기 때문입니다.

몇 년 전 어느 날, 정장을 말쑥하게 차려입은 도시 사람들이 찾아왔습니다. 그들은 넓기만 하지 별로 쓸모없어 보이는 땅을 파 보고 싶다고 했습니다. 땅 아래 셰일층에 석유와 천연가스가 갇혀 있다면서 그것들을 뽑아낼 권리를 빌려주면 그 대가로 수익금을 나누어 주겠다고 했습니다. 그 제안에 존은 헛웃음을 터뜨렸습니다.

"아니 무슨 말도 안 되는 소리를! 이거 사기 아닌가요?"

얼마 지나지 않아 그들은 빌린 땅에 거대한 철제 구조물을 하나둘 세웠고, 밤낮 없이 땅속을 파고들어 갔습니다. 기계 소음이 끊이지 않고 대형 트럭들이 분주히 오가면서 조용했던 농촌 풍경은 완전히 바뀌었습니다. 그리고 오늘 존은 우편함에서 거액의 수표가 든 봉투를 받은 것이죠.

존은 만감이 교차하는 표정으로 공사 현장을 바라보았습니다. 평생 농사만 지으며 살 줄 알았는데, 하루아침에 백만장자가 되었으니까요. 땅 아래 돌덩이에 검은 기름과 천연가스가 숨겨져 있을 줄이야! 로또 1등에 당첨된 기분이었습니다.

셰일 에너지는 존처럼 평범한 농부만 부자로 만들어 준 것이 아닙니다. 오랫동안 에너지 수입국이었던 미국을 세계 최대의 석유 생산국으로 탈바꿈시켰습니다. 세계 에너지 시장을 뒤흔들면서 말입니다.

돌멩이에서 기름을?

셰일shale은 진흙이 쌓여 굳어진 퇴적암의 한 종류입니다. 진흙에 동물의 사체 등 유기물들이 섞여 들어가 훗날 석유와 천연가스가 된 겁니다. 셰일 가스는 천연가스의 일종이고, 셰일 오일 역시 석유

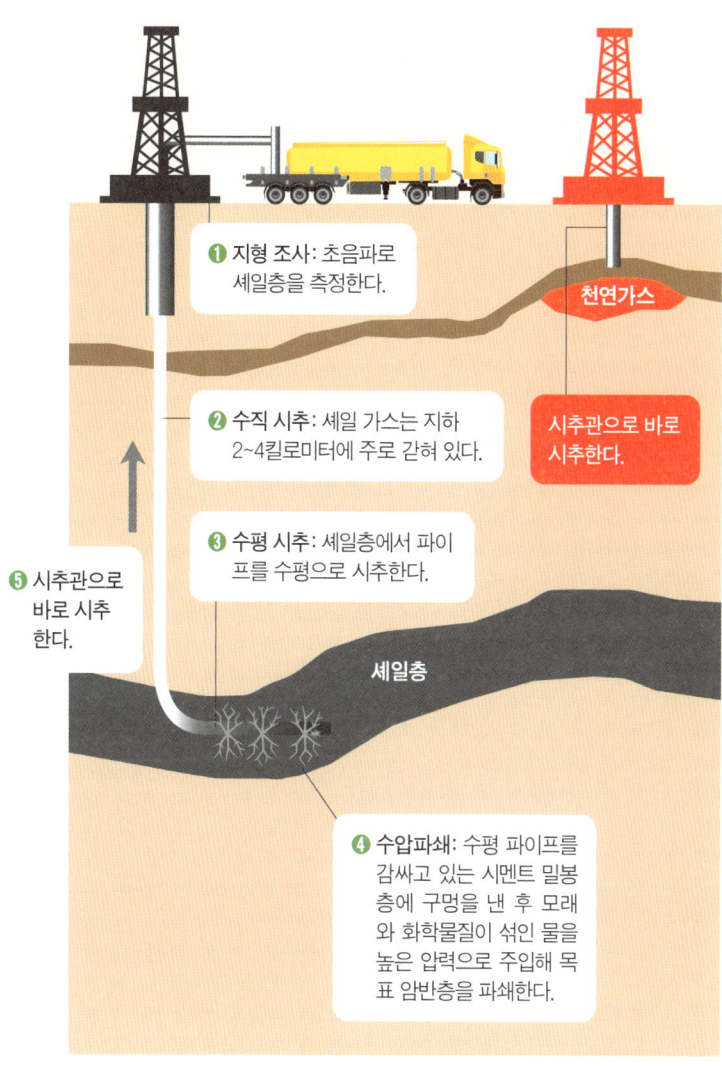

① **지형 조사**: 초음파로 셰일층을 측정한다.

천연가스

② **수직 시추**: 셰일 가스는 지하 2~4킬로미터에 주로 갇혀 있다.

시추관으로 바로 시추한다.

③ **수평 시추**: 셰일층에서 파이프를 수평으로 시추한다.

⑤ **시추관으로 바로 시추한다.**

셰일층

④ **수압파쇄**: 수평 파이프를 감싸고 있는 시멘트 밀봉층에 구멍을 낸 후 모래와 화학물질이 섞인 물을 높은 압력으로 주입해 목표 암반층을 파쇄한다.

셰일 가스와 천연가스 채굴 과정을 비교한 그림

의 일종입니다. 이전에도 셰일층에 석유와 천연가스가 있다는 사실은 알고 있었습니다. 다만 뽑아낼 방법을 몰랐죠. 셰일층을 마치 기름을 짜낼 수 없는 단단한 돌멩이로 여겼습니다. 그런데 미국에서 이를 뽑아낼 방법을 찾아낸 겁니다!

그 방법이 바로 수압파쇄법Fracking입니다. 수압파쇄법은 물과 모래, 화학물질이 섞인 고압의 액체를 암반층에 주입해 암석을 깨뜨린 후 암석에 갇혀 있던 천연가스와 석유를 추출하는 기술을 말합니다. 구체적으로 살펴보면, 먼저 지하 깊은 곳의 시추관에서 작은 폭발을 일으켜 파이프와 암반에 구멍을 냅니다. 그 구멍으로 강력한 물줄기를 쏘아 보내면 단단한 셰일 암석에 균열이 생기는데, 이때 함께 주입된 모래들이 이 균열이 다시 닫히지 않게 지지대 역할을 해 줍니다. 암석에 갇혀 있던 석유와 천연가스는 균열을 통해 나와 시추관을 거쳐 지상으로 뽑아 올려집니다. 단단한 호두를 망치로 깨서 알맹이를 꺼내는 과정을 연상해도 좋겠습니다.

수압파쇄법은 20세기 중반부터 제한적으로 쓰이긴 했는데, 셰일층처럼 극도로 치밀한 암반층에 적용하기까지 시간이 좀 더 걸린 것이죠. 수압파쇄법의 개발과 현장 도입에 오랜 세월 공을 들인 사업가는 텍사스의 석유 개발자인 조지 미첼George Mitchell이었습니다. 이 때문에 조지 미첼을 '셰일 혁명의 아버지'라고 부르죠. 셰일 혁명이란 미국이 셰일 가스, 셰일 오일 개발에 성공하면서 에너지 시장 판도가 크게 바뀐 현상을 말합니다.

세계 1위 산유국은 미국

　이제 셰일 에너지는 황금알을 낳는 거위가 되었습니다. 노스다코타, 몬태나, 펜실베이니아, 오하이오, 텍사스, 뉴멕시코주 등에서 엄청난 양의 셰일 가스와 셰일 오일이 생산되기 시작했죠.

　그 결과, 미국은 사우디아라비아를 제치고 세계 1위의 석유 생산국이 되었습니다. 러시아를 제치고 세계 1위의 천연가스 생산국이 되었고요. 셰일 에너지를 통해 에너지 자립을 넘어 에너지를 수출하는 혁명을 일으켰습니다. 그로 인해 서남아시아 석유와 러시아 천연가스 등이 주도하던 세계 에너지 시장의 패권 또한 달라졌지요.

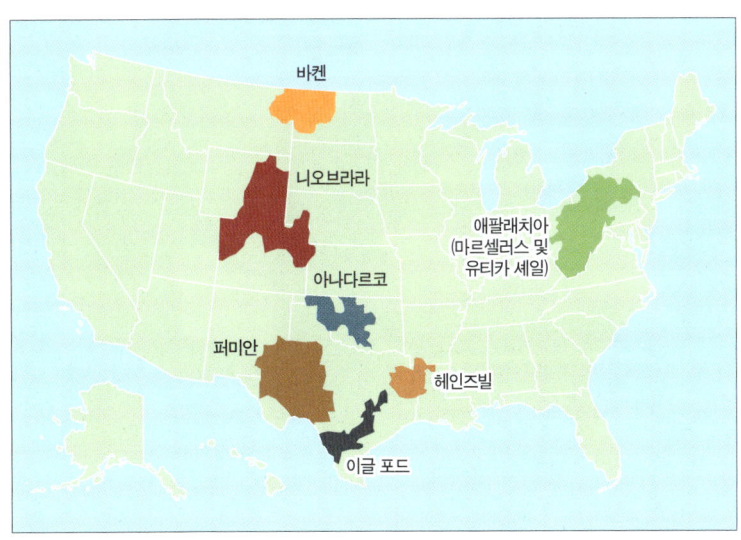

미국의 셰일 에너지 생산 지역　(출처: U. S. Energy Information Administration, 2017년 8월 기준)

CHASE
DON'T
FRA
FRACKED
2016
SAY N
FRA
Ban Fracking Now
ALLIANCE
TIMESSQUARENYC.ORG

셰일 에너지 채굴 방법인 프래킹 즉 수압파쇄법은 물을 오염시킬 뿐 아니라 지진까지 일으킬 수 있는 등 여러 문제를 안고 있다. 이를테면 작업에 쓰인, 화학물질이 섞인 물 중 40퍼센트는 회수되지만 나머지는 어디로 가는지 모른다고 한다. 지하수로 스며들었으리라 추정된다. 또 어떤 화학물질이 쓰였는지 기업들이 정확히 밝히지 않는다는 점도 큰 문제다. 발암물질이 상당량 들어갔을 것으로 추정된다. 이런 여러 문제로 인해 물을 아예 쓰지 않는 차세대 파쇄법이 개발 중이라고 한다. 사진은 프래킹 반대에 나선 뉴욕 시민들

한편 셰일 혁명이 일어나 미국에서는 존처럼 하루아침에 백만장자가 된 사람이 속출합니다. '셰일 백만장자'라는 신조어까지 등장할 정도였죠. 대부분 국가에서는 지하자원이 국가 소유이지만, 미국은 땅 주인의 것입니다. 땅 주인이 지표뿐 아니라 지하에 묻힌 자원에 대한 권리까지 갖고 있습니다. 이런 권리를 미국에서는 광물권Mineral rights이라고 합니다. 이 때문에 에너지 회사들은 셰일 가스나 셰일 오일을 채굴하려면 땅 주인들과 협상해 채굴권을 빌리는 계약을 맺어야 합니다. 석유와 천연가스가 나오면 땅 주인들은 판매 수익의 일정 비율을 평생 또는 생산 기간 동안 받게 됩니다. 존이 받은 거액의 수표도 수익 배당금이었죠.

수압파쇄법의 문제

물론 셰일 혁명이 장밋빛만 보여 준 건 아닙니다. 수압파쇄법이 여러 문제를 일으켰기 때문이지요. 일단 수압파쇄법은 물을 많이 쓸 뿐 아니라 쓰고 난 오염된 물을 제대로 처리하지 않으면 물을 오염시킬 수 있습니다. 물과 함께 들어가는 화학물질이 자칫 지하수로 새어 들어갈 수 있어 식수원을 오염시킬 우려도 있지요. 또 수압파쇄법은 셰일 에너지를 채굴하는 과정에서 메탄가스도 같이 올라오게 해 대기를 오염시킬 가능성도 있습니다. 고압으로 액체를 주입하는 과정에서 작은 규모의 인공 지진을 일으킬 수 있고, 무엇보다 석유와 천연가스를 값싸게 공급하는 길을 열어 재생 에너지로 전환하려는 흐름을 늦출 수 있습니다. 수압파쇄법 시설 건설을 두고 환경을 보호하려는 주민들과 기업들이 종종 갈등을 빚으니 이 문제 또한 지나칠 수 없습니다.

그런데도 미국은 셰일 에너지를 계속 생산할 듯합니다. 에너지를 수출해 큰돈을 벌고, 세계 에너지 시장에서 주도권도 쥘 수 있게 되었으니까요. 이렇게 미국이 셰일 혁명을 통해 에너지 부국으로 떠오르는 동안, 같은 아메리카 대륙의 남쪽에서는 천연자원이 풍부한데도 여전히 많은 국가가 경제적인 어려움을 겪고 있습니다. 심지어 이 국가들은 자원을 열심히 채굴하는데도 말입니다. 다음에는 남아메리카가 겪고 있는 '자원의 역설'에 대해 들여다보겠습니다.

남아메리카는 왜 자원을 캐기만 할까

 ## 스마트폰을 만드는 국가 vs 구리를 캐내는 국가

해발 4천 미터가 넘는 안데스산맥의 황량한 고원 지대. 이곳에 세계 최대 규모를 자랑하는 칠레의 노천 구리 광산이 있습니다. 광부 미겔은 안전모 아래로 흘러내리는 땀방울을 훔치며 잠시 숨을 고르는 중입니다. 광산은 붉은 속살을 드러낸 채 끝없이 펼쳐져 있습니다. 바퀴 하나가 사람 키를 훌쩍 넘는 초대형 덤프트럭들이 흙먼지를 일으키며, 방금 폭파 작업으로 캐낸 구리 광석들을 쉴 새 없이 실어 나릅니다. 구리 광석들은 몇 단계를 거쳐 처리된 후 화물선에 실려 아시아나 유럽의 제련소로 보내질 것입니다. 구리는 전기의 시대를 살아가는 현대인에게 없어서는 안 될 금속이죠. 스마트폰부터 집 안의 모든 전선, 전기자동차 모터, 풍력 발전기까지, 구리가 쓰이지 않는 곳을 찾기 어려울 정도입니다.

미겔은 구리를 생산하는 것에 큰 자부심을 느끼는 한편으로 씁쓸함도 느낍니다. 이 구리가 비싼 값으로 다시 수입되기 때문이지요. 칠레는 구리를 가공해 제품으로 만들 기술이 부족합니다. 그래서 다른 나라들이 구리로 만든 전선이나 첨단 전자 부품들을 다시 수입하고 있는 것이 현실입니다.

'왜 우리는 이렇게 힘들게 캐낸 보물을 외국에 헐값으로 팔아야만 하는 걸까? 우리 손으로 저 반짝이는 구리 전선이나 모터 부품 같은 것을 만들어 팔 수는 없는 건가?'

이런 미겔의 질문은 자원은 풍부하지만 기술력이 부족해 빈곤하게 살아가는 다른 남아메리카 국가들도 던지는 안타까운 물음입니다.

풍부한 자원, 부족한 기술

남아메리카에는 구리뿐 아니라 리튬, 은, 주석 등 많은 자원이 매장되어 있습니다. 브라질의 철광석과 보크사이트, 칠레의 구리가 대표적입니다. 그런데도 남아메리카의 많은 국가가 경제적으로 어렵습니다. 빈곤한 국가가 많죠. 황금으로 꽉 찬 창고 열쇠를 쥐고 있으면서 정작 문은 열 수 없는 처지에 놓인 사람처럼 말입니다. 미국이 세일 에너지를 채굴하자마자 에너지 강국으로 떠오른 것과는 매우 대조적인 모습이죠.

왜 이런 일이 벌어진 걸까요? 남아메리카 국가들은 왜 풍부한 자원을 갖고도 그저 '캐서' 파는 수준을 넘어서지 못하는 걸까요? 가장 큰 이유는 앞서 언급했듯이 자원을 가공할 기술과 인력이 부족해서입니다. 대부분의 남아메리카 국가는 땅속에서 캐낸 광물이나 커피 원두처럼 땅 위에서 기른 1차 생산품을 수출해 살아가고 있습니다. 브라질이나 아르헨티나처럼 남아메리카에서 나름대로 부유한 국가들조차도 대두나 커피 원두, 철광석 같은 1차 생산품 수출에 크게 의존하고 있죠. 제조업이나 고부가가치 산업 등을 발전시키지 못하고 말입니다. 예를 들면 밀을 빻아 밀가루나 빵으로 만들어 파는 것이 아니라 밀 그 자체로 팔고 있다는 겁니다. 밀은 밀가루나 빵에 비해 비싸게 팔 수 없으니 남는 것이 많지 않습니다. 돈은 밀을 사다가 맛있는 빵이나 과자로 만들어 파는 사람들이 벌게 되는 것이죠.

캐서 파는 경제 구조의 문제점을 더 깊이 이해하려면 가치 사슬value chain이라는 개념을 알아야 합니다. 가치 사슬이란 하나의 상품이 아이디어 구상 단계에서부터 최종 소비에 이르기까지 거치는 모든 활동의 연속적인 흐름을 말합니다. 각 단계를 거치면서 상품의 가치가 더해지죠. 예를 들면, 땅속에서 막 캐낸 구리 원석보다는 이를 제련한 구리 덩어리가 더 가치 있다는 겁니다. 이 구리 덩어리를 다시 가공해 전선이나 파이프로 만들면 더 가치가 올라가고, 또 이 전선이나 파이프가 스마트폰이나 자동차 부품으로 사용되면 더 가치가 올라가는 식이지요.

남아메리카 국가들은 이 가치 사슬에서 가장 힘들고 가치는 낮은 맨 아래 단계에 머물러 있다는 것입니다. 칠레에서 캐낸 구리 원석은 해외로 나가 전선이나 자동차 부품이 되고, 볼리비아나 아르헨티나에서 생산된 리튬은 대부분 중국 등으로 건너가 배터리 핵심 소재로 가공된 후 비싼 값에 팔립니다. 한마디로, 고생은 남아메리카가 하고 돈은 기술과 자본을 가진 해외 기업이나 선진국들이 가져가는 구조인 거죠.

맨 아래에서 맴도는 이유

그렇다면 왜 남아메리카 국가들은 가치 사슬의 윗단계로 올라가지 못하는 걸까요? 첫 번째 이유는, 제련·가공이나 제조업에 필요한 기술을 개발하고 관련 산업에 꾸준히 투자하는 일을 소홀히 했기 때문입니다. 대부분 남아메리카 국가는 당장 원자재 수출만 해도 돈을 벌 수 있으니, 많은 시간과 비용, 그리고 장기적인 안목이 필요한 기술 개발이나 산업 구조 고도화에 투자를 많이 안 했던 것이죠. 눈앞의 과일을 따 먹는 일에만 급급했던 겁니다. 훗날

산업 구조 고도화
혁신을 거듭해 저부가가치 산업에서 고부가가치 산업으로 전환하는 것을 말한다.

남아프리카 대부분 국가는 자원을 캐내 판매하는 1차 산업에 머물러 있다. 자원에만 너무 의존하고 외국 기업이 정작 핵심 기술은 전해 주지 않는 등 여러 이유 때문이다. 사진은 볼리비아의 리튬 최대 매장지인 우유니 소금사막. 볼리비아는 세계에서 리튬이 가장 많이 매장된 국가이지만 리튬을 추출, 가공할 수 있는 기술력이 부족해 실제 생산량은 적다.

더 많은 과일을 수확할 수 있게 나무를 심고 가꾸는 일에는 소홀했던 것이죠.

남아메리카가 가치 사슬의 윗단계로 올라가지 못하는 두 번째 이유는, 부족한 자본과 기술을 메우기 위해 외국 기업에 지나치게 의존했기 때문입니다. 외국 기업들은 남아메리카의 풍부한 자원을 개발해 얻은 막대한 이익을 본국으로 가져갈 뿐이지 핵심 기술은 현지에 잘 전해 주지 않았습니다. 결국 외국 기업들만 편하게 돈을 벌어 가는 셈이죠. 예를 들어 페루의 구리 산업은 외국 기업들이 사실상 장악하고 있습니다. 페루 남부의 라스 밤바스Las Bambas 광산은 중국 기업이, 세로 베르데Cerro Verde 광산은 미국 기업이 운영하고 있죠. 현지 주민들은 단순히 채굴 노동만 할 뿐, 산업을 발전시킬 기술은 전수받지 못합니다. 환경 오염으로 인한 피해까지 짊어지고요.

세 번째 이유는, 많은 남아메리카 국가의 정치와 행정이 불안정하고, 자원을 팔

2025년 9월 27일 페루의 수도 리마에서 공직자의 부패, 범죄 증가, 정치인의 권력 남용 등에 항의하는 Z세대 시위대. 시위가 연일 이어지자 신임 대통령 호세 헤리(Jose Jeri)는 공공 질서 유지를 빌미로 리마와 인근 지역에 30일간 국가 비상사태를 선포했다. 페루뿐 아니라 케냐, 모로코, 스리랑카, 네팔, 태국, 방글라데시, 마다가스카르 등 세계 여러 나라에서 Z세대가 반정부 시위를 이끌고 있다. 이들은 경제적 불평등, 기득권층의 부패, 높은 실업률, 그리고 공공 서비스 개선 등을 요구하고 있다.

아 얻은 수익이 소수에게 집중되며, 사회 전반에 부정부패가 만연하기 때문입니다. 예를 들어 페루는 칠레에 이어 세계 2위의 구리 생산국이자 각종 희귀 광물이 풍부한 국가입니다. 하지만 극심한 정치적 혼란이 이 축복을 누릴 수 없게 가로막았습니다. 뇌물 스캔들과 탄핵, 쿠데타와 시위 등으로 2018년부터 22년까지 대통령이 5번이나 바뀌었고, 전직 대통령들이 줄줄이 감옥에 가는 등 리더십 공백 사태가 반복되었습니다.

정치가 멈추니 행정도 마비되었습니다. 광산 지역 주민들은 "자원은 계속 팔려 나가는데 우리는 여전히 가난하다"며 분노했고, 자주 시위를 벌여 광산 진입로를 막거나 채굴을 중단시켰습니다. 결국 페루는 세계 구리 가격이 치솟는데도 경제가 성장하기는커녕 오히려 뒷걸음치고 있습니다. 풍부한 자원을 바탕으로 관련 산업을 발전시키고 경제가 더 크게 성장할 수 있는데도 정치와 행정이 발목을 잡고 있는 것이죠. 페루의 상황은 자원이 풍부해도 국가가 불안정하면 가치 사슬의 윗단계로 올라가기 힘들다는 사실을 여실히 증명합니다.

불기 시작한 변화의 바람

최근 남아메리카 국가들 중에는 이런 문제점들을 깊이 인식하고 변화를 꾀하는 곳들도 있습니다. 단순한 원자재 수출국에서 벗어나 가치 사슬의 윗단계로 오르려 여러 시도를 하고 있지요. 예를 들어 칠레, 아르헨티나, 볼리비아 등 리튬 매장량이 풍부한 국가들은 리튬 채굴을 넘어 배터리 생산까지 전 과정을 자국 내에서 실현하려고 협력하고 있습니다. 과연 남아메리카 국가들이 캐서 파는 경제 구조에서 벗어나 가치 사슬의 윗단계로 나아갈 수 있을지 지켜봐야겠습니다.

그런데 남아메리카 대륙이 품고 있는 자원은 광물만이 아닙니다. 지구 전체의 기후를 조절할 뿐 아니라 수많은 생명의 터전인, 무엇과도 바꿀 수 없는 아주 중요한 자원인 아마존 열대우림도 품고 있지요. 다음에는 '지구의 허파'라 불리는 이 아마존 열대우림을 놓고 벌어지는 개발과 보존이라는 치열한 전쟁에 관해 이야기해 보겠습니다.

🌲 아마존 열대우림의 산소는 누구의 것일까

➔ 개발하려는 사람들 vs 보존하려는 사람들

수목이 울창해 한낮에도 어둑한 브라질 아마존 열대우림.

아직 어리지만 당당한 사냥꾼 카이는 익숙한 숲길을 따라 사냥감인 아르마딜로를 찾아 조심스럽게 발을 옮기고 있었습니다. 발소리는 전혀 나지 않았습니다. 어릴 때 소리 없이 부드럽게 땅 밟는 법을 아버지한테 배웠거든요.

카이는 이상한 기운을 느꼈습니다. 이전과 다른, 숲의 조화를 깨뜨리는 불길한 소리가 점점 더 자주, 가깝게 들려왔죠. 그것은 성난 벌떼가 윙윙거리는 듯한, 신경을 긁는 날카로운 기계톱 소리였습니다. 그 소리는 몇 달간 하루도 쉬지 않고 숲의 정적을 갈기갈기 찢어놓았습니다.

이런 소리뿐인가요. 얼마 전에는 부족의 식수원이자 신성한 샘으로 이어진 강에 무지갯빛 기름띠가 떠다니는 것을 보았고, 사냥하러 갈 때는 한 번도 본 적 없는, 육중한 바퀴 자국도 발견했습니다.

카이의 부족에게 이 광활한 열대우림은 단지 나무와 풀의 집합체가 아니었습니다. 과일과 약초, 고기, 집 짓는 재료 등 살아가는 데 필요한 모든 것을 아낌없이 내어 주는 존재였습니다. 자신들의 언어와 문화, 신화와 조상의 영혼이 깃든 신성한 공간이기도 했고요.

숲의 나무들이 속절없이 베어져 나가면서 카이의 부족은 점점 터전을 잃어 갔습니다. 이들뿐인가요. 숲을 안식처로 삼았던 재규어와 원숭이, 새 등도 살 곳을 잃어버렸습니다. 카이는 멀리서 들려오는 기계톱 소리에 귀를 막으며 생각했습니다.

'저 바깥세상 사람들은 왜 우리 숲을 이렇게 아프게 하는 걸까? 그들은 나무와 강, 동물이 우리에게 주는 것보다 더 소중한 무언가가 저 땅속이나 나무에 숨겨져 있다고 믿는 걸까?'

카이와 그의 부족에게는 삶의 전부이자 온 우주인 이 거대한 숲이, 어째서 바깥세상 사람들에게는 그저 돈을 벌기 위해 개발해야 할 땅, 베내야 할 나무, 파내야 할 광물로만 보이는 걸까요?

아마존 열대우림. 1983년 이후 약 8800만 헥타르(전체의 약 13퍼센트)가 파괴되었다. 콜롬비아 전체 국토 면적에 맞먹는 넓이다. 2023년 1월부터 6월까지 상반기에만 서울의 약 6.6배에 달하는 면적이 사라질 정도로 파괴 속도가 빠르다. 하루 평균 축구장 3천 개 넓이가 사라지는 셈이다. 목축업과 농업, 벌목, 광업 등을 위해 주로 파괴된다. 아래 지도에서 녹색 영역이 아마존 열대우림 지역이다.

열대우림 대신 고기?

아마존 열대우림(이하 열대우림)은 브라질·페루·볼리비아·콜롬비아·베네수엘라·가이아나·수리남·에콰도르 그리고 프랑스령 기아나까지 9개국에 걸쳐 있고, 면적은 한반도의 약 30배에 달합니다. 지구에 존재하는 생물 종의 최소 10퍼센트 이상이 이곳에 산다고 합니다. 이 사실만으로도 보존할 가치가 충분하지요. 이뿐 아니라 열대우림은 '지구의 허파' 또는 '지구의 에어컨'이라 불립니다. 나무가 원체 울창해 지구 전체의 기후를 조절하는 데도 큰 영향을 끼칩니다. 엄청난 양의 이산화탄소를 흡수하고 신선한 산소를 내뿜어 지구 온난화를 늦춥니다. 또한 광대한 숲은 엄청난 양의 물을 저장하고 증발시켜 남아메리카 대륙은 물론, 멀리 떨어진 지역의 강수량과 기후에도 영향을 미치고 있습니다. 지구의 자연 에어컨이 되어 지구의 열을 식히고 습도도 조절해 주는 것이죠.

이렇게 열대우림은 지구상의 생명체에게 소중한 것인데 안타깝게도 지금 이 순간에도 빠르게 파괴되고 있습니다. 숲을 없애는 이유가 무엇일까요? 가장 큰 이유는 소를 키우는 목장을 만들기 위해서입니다. 왜 그렇게 많은 목장이 필요할까요? 사람들이 고기를 많이 먹기 때문입니다. 그런데 소들은 풀만 먹지 않죠. 풀만으로는 영양분을 충분히 얻기 어렵습니다. 옥수수, 콩 같은 곡물도 섭취해야 합니다. 이 작물들을 재배하기 위해 또 나무들이 베어집니다. 결국 고기를 많이 먹는 인간을 위해 열대우림이 사라져 가는 겁니다.

사람들은 값비싼 목재를 얻기 위해 숲을 없애기도 합니다. 불법으로 몰래 벌목하는 일이 잦죠. 금, 철광석, 보크사이트 등의 광물 자원을 채굴하기 위해 숲을 밀어 버리기도 합니다. 그뿐인가요. 벌목, 채굴 등의 작업을 수월하게 하려고 숲 깊숙한 곳까지 도로를 내서 숲을 망가뜨리기도 합니다. 수력 발전소를 짓기 위해 숲을 파괴하기도 하고요.

열대우림이 파괴되면 우리는 무엇을 잃게 될까요? 우선, 많은 생물 종을 잃을 겁니다. 열대우림에는 희귀한 동식물이 많은데 이들이 멸종 위기에 처할 것이고, 이들이 사라질수록 지구 생태계의 균형이 무너지겠죠. 아직 인류가 발견하지 못한 생물이나 신약 개발의 원료가 될 수 있는 잠재적인 자원들도 영원히 사라져 버릴 수 있습니다.

또한, 우리는 열대우림에 기대어 살아온 선주민들의 고유한 문화를 잃게 될 겁니다. 숲이 사라지면서 이들은 생계 수단을 잃어 삶의 방식을 바꾸어야 했습니다. 외부 세계와 어쩔 수 없이 접촉했고 그 과정에서 질병에 걸리거나 폭력에 노출되기도 했습니다. 이것은 심각한 인권 침해입니다.

열대우림이 파괴되었을 때 가장 크게 잃는 것은 바로 지구 자체입니다. 열대우림이 파괴되면 온난화가 급속도

선주민

원주민은 단순히 그 땅에 원래 살던 사람들을 가리킨다면, 선주민은 외부 세력이 들어오기 전先부터 살던 사람들을 말한다. 그 땅에 누가 먼저 있었는지 역사적 선후 관계를 따지고, 먼저 살던 사람들의 권리를 강조하는 표현이다.

아마존 열대우림이 파괴되는 가장 큰 이유는 목축업 때문이다.
국제환경단체 그린피스에 따르면, 벌목된 곳의 65퍼센트가 방
목장으로 쓰인다. 열대우림이 파괴되는 그다음 이유는 가축 사
료용 대두(콩) 재배 때문이다. 모두 육류 소비와 관련 있다. 결국
인류가 육류 소비를 줄이지 않는 한 열대우림의 파괴는 계속될
수밖에 없다. 사진은 아마존 열대우림에 들어선 소 방목장

로 진행되어 기후 위기가 더 심해질 테니까요. 나무를 베거나 태우면, 그동안 나무와 토양에 저장되어 있던 막대한 양의 이산화탄소가 대기로 방출되고, 숲이 이산화탄소를 흡수하던 기능도 약해지기 때문입니다.

개발이냐 보존이냐

열대우림을 파괴하면 이런 문제들이 생기는데도 사람들은 여전히 숲을 없애고 있습니다. 열대우림의 국가들은 계속 개발하려 하고, 열대우림 선주민들과 환경운동가들은 개발을 막으려 합니다. 두 세력이 팽팽히 맞서고 있지요.

개발하려는 국가들은 열대우림을 개발하면 경제가 성장해 가난에서 벗어날 수 있다고 믿습니다. 농업, 목축업, 광업, 벌목 등을 통해 당장 경제적 이익을 얻고 일자리도 창출할 수 있으니, 개발 유혹을 뿌리치기 어렵습니다. 다 떠나, 열대우림이 자국 땅이니 그곳에서 뭘 하든 그건 자기들 권리라며 반발합니다. 외부 세계, 특히 과거 자신들을 식민지로 삼았던 선진국들이 환경 보호를 명분으로 경제 발전을 가로막는 것에 강하게 반감을 드러냅니다. 선진국들은 이미 지구 환경을 파괴해 부자가 되었으면서, 왜 자신들에게만 숲을 지키라고 강요하느냐면서요.

'아마존 열대우림 수호자'로 불리는 브라질 카야포Kayapo 부족장 라오니 메투크티레Raoni Metuktire. 그는 브라질 대통령의 열대우림 개발 정책을 정면으로 비판한다. "아마존 열대우림이 계속 파괴되면 모든 것이 파괴될 것"이라고 경고하는 등 열대우림 보호를 위해 목소리를 높이고 있다.

이런 국가들의 반대편에는 선주민들과 국제환경단체, 과학자 등이 있습니다. 이들은, 열대우림은 특정 국가의 소유물이 아니라고 강조합니다. 지구상의 생명체가 살아남으려면 반드시 지켜야 할 '공동의 자산'이라고 주장하지요. 열대우림 파괴는 단순히 남아메리카만의 문제가 아니라는 겁니다. 이들은 열대우림이 파괴되면 지구의 기후와 생태계에 돌이킬 수 없는 재앙을 불러올 수 있다고 지적합니다. 그러므로 국제 사회가 합심해 열대우림 보존에 힘써야 한다고 목소리를 높입니다. 무분별한 개발 대신, 숲을 보존하면서 지역 주민들의 삶도 개선할 수 있는, 지속 가능한 발전 모델을 찾아야 한다고 강조합니다.

결국 열대우림을 놓고 벌어지는 갈등은 '지구의 허파가 내뿜는 산소는 과연 누구의 것인가?'라는 근본적인 질문으로 향합니다. 그 산소는 열대우림 국가들의 것일까요? 아니면 지구에 사는 모든 존재의 것일까요?

그런데 인류의 생존에 필요한 것은 비단 산소만이 아닙니다. '먹고 사는 문제'와 직결된 자원도 있습니다. 바로 식량 자원이죠. 다음 이야기에서는 곡물 같은 식량 자원이 어떻게 국제 정치 무대에서 강력한 무기가 될 수 있는지, 특히 광활한 곡창 지대를 갖고 있는 아메리카 대륙의 식량 자원에 대해 살펴보겠습니다.

식량을 무기로 삼으면 어떤 일이 벌어질까

곡물 메이저 vs 전 세계인

2022년 이집트 수도 카이로의 어느 골목길에 자리 잡은 작은 빵집. 새벽부터 나와 반죽을 개는 주인 파티마 씨 얼굴에 수심이 가득합니다. 또다시 빵값을 올려야 할지 밤새 고민했기 때문입니다. 밀가루 값이 지난 몇 달간 걷잡을 수 없이 올라 빵을 팔아도 남는 것이 거의 없습니다. 그런데도 파티마 씨는 고객들 주머니 사정을 생각하면 선뜻 빵값을 올리기 어려웠습니다.

밀가루 값이 왜 올랐냐고요? 러시아와 우크라이나 간에 벌어진 전쟁 때문입니다. 먼 곳에서 일어난 전쟁이 어떻게 이집트 빵값에 영향을 미친 걸까요? 이집트는 세계 최대의 밀 수입국입니다. 이집트에서도 밀이 생산되기는 하지만 소비량을 따라잡지 못합니다. 이집트가 밀을 주로 수입하는 국가가 러시아와 우크라이나인데 이곳에서 전쟁이 일어났으니, 밀 수입이 어려워진 거지요. 밀가루 값이 폭등한 이유입니다.

파티마 씨는 뜨거운 오븐 앞에서 노릇하게 구워지는 빵들을 바라보며 생각했습니다.

'매일 먹는 이 소중한 빵이 우리가 잘 알지도 못하는 나라 밖 상황과 연결되어 있다니….'

그녀는 한숨을 쉬며 빵값을 어떻게 해야 할지 계속 고민했습니다. 카이로 골목길의 작은 빵집은 어딘지 알 수 없는 멀디먼 밀밭과 연결되어 함께 신음하고 있었습니다.

식량 자원의 보고, 아메리카

파티마 씨와 그녀의 이웃들이 겪는 어려움은, 식량 자원의 생산과 공급이 특정 국가와 지역에 집중되어 있을 때 어떤 일이 벌어질 수 있는지 극명하게 보여 줍니다. 그렇다면 식량 자원의 생산과 공급이 집중된 대표적인 지역은 어디일까요? 아메리카 대륙을 꼽을 수 있습니다.

아메리카 대륙은 인류의 주요 식량인 밀, 콩 등 곡물을 대규모로 재배하기에 딱 좋은 조건을 갖춘 곳입니다. 예를 들어 북아메리카 미국 중서부에는 옥수수밭과 밀밭이 광활하게 펼쳐져 있고, 남아메리카 아르헨티나에는 농사에 적합한 비옥한 팜파스 초원이 펼쳐져 있습니다. 이런 조건을 살려 아메리카 국가들은 종자를 개량하고, 대형 농기계를 발명하고, 유통과 저장을 효율적으로 할 수 있는 시스템을 갖추는 등 농업 분야를 발전시켰습니다. 이런 노력 덕분에 아메리카는 '세계의 빵 공장'으로 불립니다.

실제로 미국·브라질·아르헨티나·캐나다 등이 세계에서 거래되는 옥수수·콩·밀 같은 핵심 곡물의 상당량을 생산하며 수출합니다. 2024년 기준 세계 주요 곡물 생산량을 보면, 아메리카 대륙은 옥수수의 약 50퍼센트, 콩의 약 85퍼센트, 밀의 약 15퍼센트를 생산합니다. 이런 데이터는 이들 국가에서 흉년이 들면 세계 식량 가격이 요동칠 수 있음을 말해 줍니다. 아메리카 대륙이 전 세계인의 생존과 직결된 식량 자원을 쥐고 있는 것이죠.

총보다 무서운 무기

식량 자원은 인간의 생존과 직결되기 때문에 다른 자원보다 더 중요합니다. 석유가 없다고 해서 당장 굶어 죽지는 않잖아요. 희토류가 없어 스마트폰을 못 만든다고 해서 당장 어떻게 되는 것도 아니

캔자스주의 광활한 밀밭. 캔자스주는 미국 최대의 밀 생산지다. '밀의 주', '세계의 빵 바구니'로 불리는 이유다. 오른쪽 아래 지도는 미국의 주요 곡창 지대 분포도

밀 재배 지역

옥수수 재배 지역

쌀 재배 지역

1980년 1월 21일 호 《타임》 표지. '무기로서의 곡물GRAIN AS A WEAPON'이라는 잡지 타이틀이 보인다. 소련이 아프가니스탄을 침공하자 미국은 소련에 곡물 수출을 금지한다. 당시 미국 농무부 장관은 식량이 외교 협상의 무기가 될 수 있음을 시사했다. 타이틀 아래에는 '누가 이기고, 누가 지는가WHO WINS, WHO LOSES'란 서브 타이틀이 달려 있다. 과연 누가 이기고, 졌을까.

고요. 하지만 식량이 부족하면 사람들은 굶주려 이성을 잃고, 사회는 극심한 혼란에 빠지며, 마침내 국가의 존립 자체가 어려워질 수 있습니다.

이런 식량 자원의 특성 때문에 식량 자원은 매우 강력한 정치, 외교의 무기로 악용될 가능성이 큽니다. 이런 현상을 '식량 무기화'라고 하지요. 즉, 식량 무기화는 식량 자원이 많은 국가가 상대국을 압박하는 '채찍'으로 식량 자원을 활용할 수도 있지만, 반대로 자신의 영향력 아래 두는 '당근'으로도 활용할 수 있다는 뜻입니다. 상대방의 목숨줄을 쥐고 원하는 것을 얻어 내려는 행위라 할 수 있습니다.

역사적으로 식량 무기화 시도는 여러 차례 있었습니다. 가장 대표적인 사건이 1980년 미국이 소련에 곡물 수출을 중단한 것입니다.

당시 소련이 아프가니스탄을 침공했는데 미국이 이에 대한 보복으로 식량 수출을 막은 거지요. 그때만 해도 소련은 국내 곡물 생산량이 부족해 미국에서 많이 수입하고 있었습니다. 미국은 소련에 수출을 금지함으로써 소련을 압박하려고 했지만, 아르헨티나·오스트레일리아 등 다른 국가가 소련에 곡물 수출을 늘리면서 기대했던 효과를 거두지는 못합니다. 오히려 미국 농가가 수출을 하지 못해 피해를 입었죠. 그럼에도 이 사건은 식량 자원이 국제 사회에서 강력한 무기가 될 수 있음을 증명한 아주 중요한 사건입니다.

곡물 메이저라는 문제

식량 자원을 이야기할 때 빼놓을 수 없는 것이 세계 곡물 유통 시장을 장악하고 있는 소수의 초국적 농업 기업들입니다. 아처 대니얼스 미들랜드ADM, Archer Daniels Midland, 벙기Bunge, 카길Cargill, 루이 드레퓌스 컴퍼니LDC, Louis Dreyfus Company가 대표적입니다. 이 기업들을 '4대 곡물 메이저'라 하고, 각 기업 이름의 대표 알파벳을 조합해 '곡물 메이저 ABCD'라고도 부릅니다. 이 기업들은 세계 곡물의 생산, 저장, 운송, 가공, 판매에 이르는 전 과정을 장악해 세계 곡물 시장에 막대한 영향력을 행사하고 있습니다. 세계 곡물 가격과 공급망을 쥐락펴락하는 것이지요. 이처럼 식량 자원 시장에는 자원을 생산한 국가뿐

2004년 쌀 시장 개방 반대 시위에 나선 농민들. 한국 국민이 쌀 시장 개방을 강하게 반대한 결과 시장 개방은 10년 더 미루어졌다. 한국 정부는 2015년 1월부터 높은 관세를 매겨 국내 시장을 보호하고 있지만, 세계무역기구wto와 협상한 대로 일정량을 꾸준히 수입하고는 있다. 수입을 압박하는 미국과 국제기구 뒤에는 카길을 비롯한 곡물 메이저가 있다. 이들은 1980년대 초 한국이 쌀이 부족해 수입할 때는 쌀값을 2배로 올려 받았다. 시장이 곡물 메이저에 좌우된다는 사실을 여실히 보여 준 사건이다. 이런 일련의 사건들은 식량 안보가 얼마나 중요한지 새삼 깨닫게 한다. 그런데도 2025년 현재 한국은 세계 5위의 식량 수입국이다. 밀, 옥수수 등 쌀을 제외한 대부분 곡물을 수입하는데 곡물 메이저가 이미 이 시장을 지배하고 있다. 그뿐인가. 세계무역기구와 약속한 대로 일정량을 수입하는 쌀 시장에도 이들이 관여하고 있다.

아니라 초국적 기업들의 이해까지 복잡하게 얽혀 들어가 있습니다.

식량을 자급하지 못하고 수입에 의존하는 국가들은 이런 현실에 늘 불안합니다. 기후 위기까지 심해져 식량 생산이 들쑥날쑥하면 더 불안하고요. 이전에 없던 극심한 가뭄, 홍수 등으로 인해 농사를 망치는 일이 많으니까요. 그뿐인가요. 러시아-우크라이나 전쟁처럼 주요 식량 자원 생산지에서 전쟁이라도 일어나면 더 큰 어려움에 휩싸입니다. 당장 수입할 식량이 줄어드니까요. 안정적인 식량 확보, 즉 '식량 안보'는 이제 어느 한 나라만의 문제가 아니라 전 인류가 함께 고민하고 풀어가야 할 중요한 숙제가 되었습니다.

그런데 식량 자원은 비단 육지에서만 나오는 건 아닙니다. 지구 표면의 70퍼센트 이상을 덮고 있는 바다에도 식량 자원이 많습니다. 바닷속 자원을 놓고 국가들이 갈등하는 이유죠. 다음 장에서는 바다가 품고 있는 자원에 대해 이야기해 보겠습니다.

5장

오세아니아와
극지방

바다의 물고기는 누구의 것일까

→ 연안국 vs 다른 나라들

남태평양의 작은 섬나라, 솔로몬 제도.

수십 년간 바다에서 잔뼈가 굵은 베테랑 어부 마테오 씨는 오늘도 새벽부터 작은 고깃배를 몰고 전통 어장으로 나왔습니다. 여러 번 그물을 던져 올렸는데도, 그물에는 참치 몇 마리와 잡어 몇 마리뿐입니다. 몇 년 전만 해도 이맘때면 갑판에 참치가 가득 찼었는데 말입니다. 요즘은 배 기름값도 남기지 못하는 날이 많습니다.

멀지 않은 곳에서는 마테오 씨의 낡은 배와는 비교할 수 없는 최신식 대형 저인망 어선(트롤선이라고도 함) 여러 척이 유유히 항해 중입니다. 그 배들은 아시아나 유럽 국가의 깃발을 달고 있습니다.

태평양에서 조업하는 저인망 어선들은 해수면 탐지 레이더, 음파 탐지기 등 물고기 떼를 빠르고 정확하게 찾아내는 데 필요한 시스템

저인망 어선은 저인망底引網이란 단어 풀이대로 바다 밑바닥까지 큰 그물을 내려 끌고 다니면서 물고기를 잡는다. 이런 조업 방식은 여러 문제를 낳는다. 일례로 다른 심해 생물까지 잡아 올려 해양 생태계를 파괴할 뿐 아니라 바닥을 긁는 과정에서 퇴적물에 저장되어 있던 이산화탄소까지 방출시키기 때문이다. 오른쪽 아래 그림은 조업 방식을 묘사한 것.

을 갖춘 배입니다. 물고기 떼 위치를 확인하면 자루 모양의 큰 그물을 바다 밑바닥까지 내려 물고기를 잡습니다. 배 한 척이 그물을 끌거나 두 척이 끌기도 하죠.

저인망 어선은 여러 문제를 일으킵니다. 바다 밑바닥까지 쓸어 잡는 것이 문제의 발단입니다. 일단 원래 잡으려던 물고기들 말고 산호초, 산갈치 등 심해 생물들까지 딸려 올라옵니다. 이들은 대부분 죽습니다. 다시 바다로 던져도 거의 살지 못합니다. 그물이 끌어당겨질 때 다른 해양 생물에 깔리거나 부딪혀 비늘이 손상되는 등 몸에 심각한 상처를 입는 경우가 많고, 수압 차이로 부레가 부풀어 오르거나 내장이 손상되는 등 치명적인 상처를 입기도 합니다. 또 포획 과정에서 극심한 스트레스를 받고 탈진하기도 해서 설령 바다로 방류해도 포식자를 피할 기력이 없거나, 무리를 따라잡지 못해 생존이 어렵습니다. 갑판에 있는 짧은 시간 동안에도 산소 부족을 겪어 건강이 크게 나빠지고요. 그뿐인가요. 저인망 어선은 바다 밑바닥을 휘젓는 과정에서 해저 퇴적물에 저장되어 있던 이산화탄소를 방출시키는 등 심각한 환경 문제도 일으킵니다.

저인망 어선이 지나간 자리엔 물고기 씨가 마른다고 해도 과언이 아닙니다. 이런 데다 저인망 어선 중엔 나라끼리 정한 바다 경계선까지 무단으로 넘어와 조업하는 배도 있습니다. 마테오 씨가 사는 작은 섬나라의 낡은 해안 경비정 몇 척으로는 이런 어선들을 감시하고 막아낼 힘이 도저히 없지요.

마테오 씨는 텅 빈 그물을 바라보며 깊은 분노와 함께 무력감을 느꼈습니다.

'저 큰 배들이 우리 바다의 물고기를 저렇게 다 잡아가 버리면, 우리 아이들은 앞으로 뭘 먹고 살아야 하지? 우리에게 바다는 조상 대대로 살아온 터전이었어. 그런데 왜 자꾸 저런 배들이 나타나 물고기를 다 훑어가는 걸까? 바다는 모두의 것인데, 왜 다 가져가려고 하느냐 말이야!'

이 절박하고 외로운 의문은 답을 얻을 수 있을까요.

주인 없는 바다?

태평양은 지구 표면의 약 3분의 1을 차지할 정도로 아주 넓습니다. 그런데 태평양Pacific Ocean 즉 '평화로운 바다'라는 이름과 달리, 오늘날 가장 치열한 자원 경쟁이 벌어지는 무대이죠. 특히 참치·오징어·명태 등 인류의 중요한 단백질 공급원인 어족 자원을 놓고 국가들이 날로 치열하게 경쟁하고 있습니다.

바다는 영해領海와 공해公海, 배타적 경제 수역으로 이루어져 있습니다. 영해는 연안국 해안에서 12해리까지의 수역으로 특정 국가가

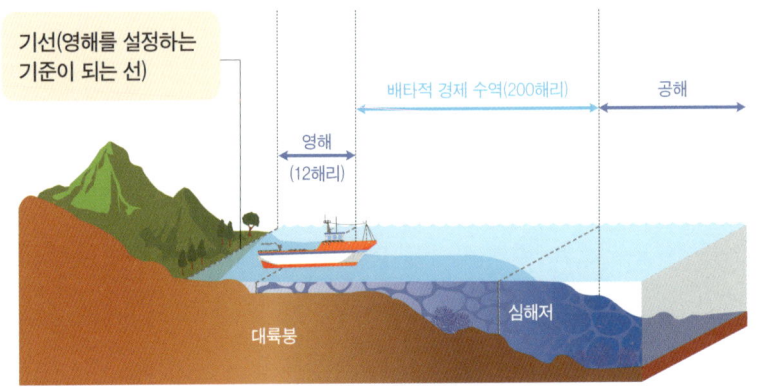

기선(영해를 설정하는 기준이 되는 선)

배타적 경제 수역(200해리)

공해

영해
(12해리)

대륙붕

심해저

바다를 이루는 영해, 공해, 배타적 경제 수역

주권을 행사하는 바다를 말하고, 공해는 누구의 주권도 미치지 않는 '모두의 바다'로 인류 공동의 유산으로 여깁니다. 바다의 특정 영역을 한 국가가 독점하면 갈등이 생길 수 있기 때문에, 모든 국가가 공정하게 바다를 이용할 수 있도록 공해 제도를 둔 것이죠. 공해 덕분에 국제 통신과 에너지 운송에 꼭 필요한 해저 케이블과 파이프라인도 설치할 수 있는 겁니다.

배타적 경제 수역EEZ, Exclusive Economic Zone은 해안에서 최대 200해리까지의 영역을 말합니다. 배타적 경제 수역에서는 연안국이 수산 자원, 광물 자원 등을 가질 권리를 갖고 있습니다. 다른 나라의 선박도 배타적 경제 수역을 오갈 수는 있습니다. 다만 수산 자원이나 광물 자원을 가져가는

수산 자원
수산 자원이 어족 자원보다 큰 개념이다. 어족 자원은 어류만 가리키는데, 수산 자원은 어류뿐 아니라 다른 해양 생물까지 포함한다.

등의 경제 활동만 못하는 것이죠. 배타적 경제 수역이 겹치는 경우도 있는데, 이때는 해당 국가들이 협정을 맺어 경계를 정합니다.

한편 국제 사회의 협력과 제도에도 공해에는 주인이 없다는 점이 문제입니다. 공해에서는 경쟁적으로 어획량을 늘리려다 보니, 자원이 고갈되어 모두가 피해를 보는 '공유지의 비극'이 일어납니다. 공유지의 비극이란 경제학 용어인데, 소유권이 불분명한 공유 자원(초원, 바다, 공기 등)을 개인이 사적 이익을 위해 과도하게 사용하면서 결국 자원이 고갈되는 현상을 말합니다. 모든 사람이 사용할 수 있기 때문에, 개인이 이기적으로 행동하면 결국 모두에게 피해가 돌아가게 된다는 것이죠. 시민 공원이나 공설 운동장처럼 모두가 함께 사용하는 공간을 떠올리면 이해하기 쉽습니다. 나만의 것이 아닌 공간은 누구도 주인의식을 갖고 관리하기 어렵기 때문에 쉽게 황폐해지곤 하지요. 태평양의 어족 자원이 점점 고갈되어 가는 현상은 공유지의 비극을 상징적으로 보여 주는 사례입니다.

남획, 불법이 판치는 바다

이번에는 태평양의 어족 자원을 두고 어떤 문제들이 벌어지고 있는지 살펴보겠습니다.

첫 번째 문제는, 남획입니다. 남획은 물고기 등을 마구잡이로 잡는 것을 말합니다. 기술의 발달로 어선들은 점점 더 커지고, 이런 어선들에는 물고기 떼 탐지 시스템과 튼튼한 대형 그물 등이 갖추어져 있습니다. 중국·에스파냐·대만·일본·한국 같은 일부 국가들은 태평양 구석구석까지 이런 첨단 대형 어선들을 보내 참치·새치 같은 특정 어종을, 때로는 새끼 물고기인 치어까지 싹쓸이하다시피 합니다. 계속 이렇게 한다면 결국 물고기가 급격히 줄어들고 더 나아가서는 해양 생태계가 파괴되겠지요.

두 번째 문제는, 국제 사회가 포획을 금지한 물고기들을 몰래 잡는다는 것입니다. 어떤 물고기들일까요. 상어(백상아리·흉상어·귀상어·가래상어·미흑점상어 등), 가오리류(쥐가오리·톱가오리 등) 같은 멸종위기종과 개체 수가 급감한 종(남방참다랑어·대서양참다랑어 등), 그리고 국제 협약으로 보호받는 종(고래상어·철갑상어 등)입니다. 하지만 공해가 너무 넓어 이런 불법 어업을 저지르는 선박들을 단속하기가 너무 어렵습니다. 어족 자원을 보호, 관리하려는 노력에도 보람을 얻지 못하는 것이 현실이지요.

세 번째 문제는, 배타적 경제 수역 경계선이 불분명하거나 겹쳐 생기는 것들입니다. 앞서 설명했듯이 연안국은 배타적 경제 수역의 수산 자원에 대한 권리를 갖고 있습니다. 그런데 배타적 경계 수역의 경계가 명확하지 않거나 겹쳐 분쟁이 일어나기도 합니다. 그 대표적인 곳이 동중국해입니다. 한국, 중국, 일본 세 나라의 EEZ가 겹쳐 있기 때문입니다. 각국은 아직 EEZ 경계선을 어디에 그을지 합의하지

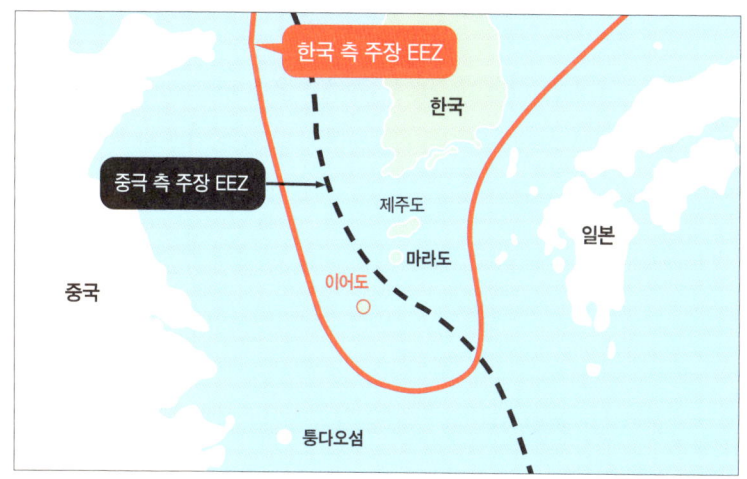

한국 측 주장 EEZ

중국 측 주장 EEZ

한국

제주도

일본

마라도

이어도

중국

퉁다오섬

동중국해에서 한국, 중국, 일본의 배타적 경제 수역이 겹쳐 계속 문제가 되고 있다. 한국과 중국의 경우, 이어도 인근 수역을 놓고 신경전을 벌이는 중이다. 한국은 이어도 인근 지역에 해양과학기지를 설치하는 등 오랫동안 실제로 관리해 왔다. 아래 사진은 이어도 해양과학기지

못한 상황입니다. 단순히 어업 활동 구역을 정하는 것이 아니라 해저의 천연자원까지 걸린 문제라서 해결이 쉽지 않습니다.

실제로 중국은 1990년대부터 동중국해 해저의 가스전(지하에 매장된 천연가스가 모여 있는 곳)을 개발하기 시작했고, 일본은 그곳이 자국 EEZ에 속한다며 강하게 반발했습니다. 동중국해에 매장된 석유, 천연가스 등 광물 자원을 두고 신경전을 벌이고 있는 겁니다. 한국은 이어도 인근 수역에서 중국과 EEZ 경계선이 겹칩니다. 이어도는 수면으로 드러나 있지는 않지만 한국이 해양과학기지를 설치해 실제로 관리해 왔습니다. 그런데 중국이 이 수역을 자국 EEZ라고 주장하는 것이죠. 이 때문에 두 나라 어선이 충돌하는 일도 생기고 서로를 향해 불법 조업이라며 단속하는 일이 계속되고 있습니다.

한편, EEZ 내 조업권은 다른 나라에 판매할 수도 있습니다. 이를테면 태평양의 섬나라인 마셜 제도, 나우루, 미크로네시아 연방 등은 자국의 넓은 EEZ 내 조업권을 중국, 한국, 일본 등에 판매해서 국가의 주요한 수입원으로 삼고 있습니다. 우리 식탁에 자주 오르는 참치 통조림 속 참치도 이들 국가의 바다에서 잡아 올린 거지요.

조업권

특정 수역에서 정해진 어종을 정해진 양만큼 잡을 수 있도록 허가받은 권리를 말한다. 직접 물고기를 잡을 만한 어업 기술이나 선단이 부족한 경우 다른 나라에 조업권을 판매하기도 한다. 모리타니·세네갈·가나 같은 아프리카 국가가 대표적이다. 이런 나라들은 조업권을 판매한 돈으로 국가 재정을 충당하거나 다른 분야에 투자한다. 조업권을 구매한 나라의 선박들은 총허용어획량을 지켜야 한다. 총허용어획량은 특정 어종에 대해 연간 잡을 수 있는 최대 어획량을 정해 놓은 것이다. 조업권을 구매한 어선들이 규정보다 더 많이 잡아 문제가 되고 있다.

하지만 조업권을 구매한 국가의 어선들이 남획을 하는 바람에 태평양 연안 섬나라들의 어족 자원이 급속도로 고갈되고 있습니다. 또한 태평양의 작은 섬나라들은 광활한 EEZ를 가지고 있지만 이를 제대로 관리하고 감시할 능력이 부족해 다른 나라들의 불법 조업이나 남획에 속수무책으로 당하는 경우가 많습니다.

네 번째 문제는, 기후 위기로 인해 '물고기 쟁탈전'이 벌어지고 있다는 것입니다. 바닷물 온도가 올라가면 물고기들의 서식지와 이동 경로가 바뀝니다. 기존 어장은 황폐해지죠. 그 경우 새로운 어장을 놓고 다투는 겁니다.

어떻게든 바다를 지키려면?

국제 사회는 이런 문제들을 해결하기 위해 계속 노력하고 있습니다. 지역수산관리기구RFMO, Regional Fisheries Management Organization 같은 국제 기구를 만들어 특정 해역의 어종 어획량을 제한합니다. 인공위성 등을 이용해 어선을 감시도 하고, 불법을 저지른 선박에 제재도 가하죠. 하지만 각국의 이해관계가 얽혀 있는 데다 공해는 너무 넓어 불법 어업을 완전히 감시하고 통제하기가 어렵습니다. 그렇더라도 해양 자원을 지킬 방법은 계속 찾아봐야 할 것입니다.

한편, 바다에는 물고기처럼 살아 있는 자원만 있는 것이 아닙니다.

깊은 바닷속인 심해에는 망간 단괴, 코발트 같은 희귀한 광물 자원도 아주 많습니다. 이를 안 국가들은 자원을 서로 먼저 차지하려고 팽팽히 맞서고 있습니다. 해저 자원을 개발하면 심해 생태계마저 파괴될 수 있어 걱정이 이만저만이 아닙니다.

어디 심해뿐인가요. 인류가 아직 개척하지 못한 지구의 극지방, 남극과 북극마저 새로운 자원 전쟁 격전지로 떠오르고 있습니다. 그 아래에 역시 석유와 천연가스, 그리고 아직 탐사되지 않은 다양한 광물 자원이 잠들어 있으리라 기대해서입니다. 지구가 점점 더 뜨거워지면서 극지방 얼음이 급속히 녹아내리는 바람에 이전에는 접근할 꿈도 못 꾸었던 남극과 북극의 자원까지 채굴할 날이 머지않은 겁니다.

과연 이런 기대와 바람은 인류에게 새로운 축복이 될까요? 아니면 다른 곳에서처럼 환경 파괴와 끝나지 않는 전쟁만 남길까요? 다음 이야기에서 헤아려 보겠습니다.

극지방은 정말 마지막 보고일까

남극과 북극 vs 개발하려는 나라들

북극권 내의 노르웨이령 스발바르Svalbard 제도의 한 연구 기지.

빙하학자 한센은 창밖으로 펼쳐진, 하얀 설산과 푸른 피오르(빙하의 침식으로 형성된 U자 모양의 좁고 깊은 만)가 어우러진 경이로운 풍광을 보면서도 착잡한 표정을 숨길 수 없었습니다. 연구를 시작한 20년 전만 해도, 여름의 짧은 기간을 제외하면 바다를 볼 일이 없었는데 지금은 언제든 보이기 때문이죠. 그만큼 지구가 뜨거워져 빙하가 녹아내렸다는 증거죠.

요즘 이런 풍경을 목도하는 것보다 더 견디기 힘든 일이 있습니다. 쇄빙선과 대형 화물선, 자원 탐사용 특수 선박 등이 북극해에 출몰하기 때문입니다. 과거에는 일 년 내내 두꺼운 얼음에 막혀 닫혀 있던 북극해가, 역설적이게도 인류가 일으킨 기후 위기 때문에 새로운 기회의 바다로 변모하고 있는 겁니다.

이런 상황을 지켜보는 한센의 마음은 복잡했습니다. 과연 이 극지방은 인류에게 마지막 남은 자원의 보고일까요? 아니면 결코 건드려서는 안 될 '판도라의 상자'일까요? 지금부터는 남극과 북극을 놓고 국가들이 벌이는 치열한 경쟁을 살펴보겠습니다.

기후 위기가 준 선물?

먼저 북극 상황을 보겠습니다. 북극은 북극권, 북극해, 그리고 그 주변의 여러 대륙(러시아·미국·캐나다·덴마크·노르웨이·스웨덴·핀란드·아이슬란드)을 포함합니다. 북극권은 북위 66도 33분 이북의 지역을 말합니다.

북극에는 석유, 천연가스 같은 에너지 자원을 비롯해 다양한 종류의 금속 광물과 희소 광물이 풍부하게 매장되어 있습니다. 미국 지질조사국에 따르면, 세계 미발견 석유의 약 13퍼센트, 미발견 천연가스의 약 30퍼센트가 묻혀 있다고 하네요. 석유만 놓고 보면, 세계 3위 산유국인 사우디아라비아에 매장된 전체 양과 맞먹거나 그 양을 넘어서리라 추측하고 있습니다. 니켈·구리·철광석·아연·금·은·다이아몬드 등의 금속 광물에 희토류·팔라듐 같은 희소 광물 등도 매장되어 있으니 세계 눈이 이곳에 쏠릴 수밖에 없는 거지요. 북극은 마치

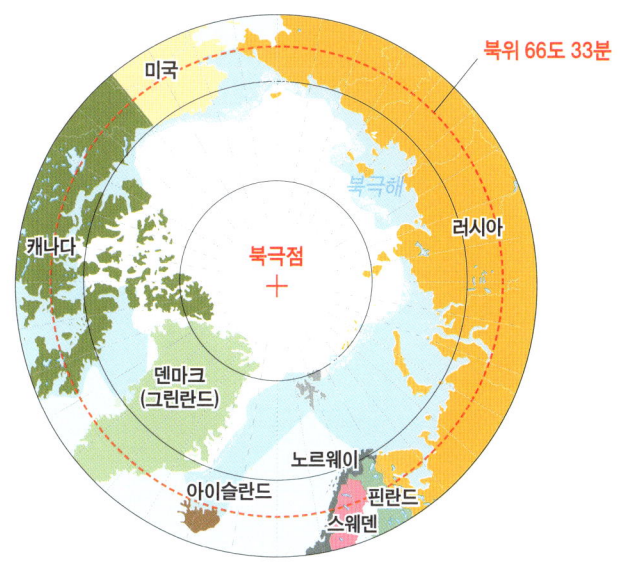

북극권

인류를 위해 마지막으로 남겨둔 에너지 창고 같은 곳입니다.

과거에는 이 자원들이 그저 그림의 떡이었습니다. 일 년 내내 두꺼운 얼음으로 뒤덮여 있는 데다 극한의 추위 때문에 쉽게 접근할 수 없는 곳에 있었으니까요. 하지만 지구가 점점 더 뜨거워지면서 상황이 달라졌습니다. 북극을 뒤덮고 있던 해빙이 녹아내리며 그 아래 바다가 드러난 것입니다.

그러자 북극 항로가 열리기 시작했습니다. 북극 항로는 북극해를 통과해 아시아 대륙과 유럽을 잇는 바

해빙

해빙은 바닷물이 얼어서 만들어진 것이고, 빙하는 오랫동안 육지에 쌓인 눈이 압력을 받아 형성된 것이다.

빙상 실크로드Polar Silk Road는 중국의 일대일로 프로젝트 중 하나다. 이 북극 항로가 개척되면 기존 항로보다 더 빨리 유럽에 닿을 수 있다. 중국은 북극해 연안국이 아닌데도 북극 항로 개발과 자원 탐사에 큰 관심을 보여 세계가 주시하고 있다. 사진은 남극 탐사를 마치고 귀국 중인 중국 쇄빙선 쉐룽호

빙상 실크로드

네덜란드
로테르담

독일
뒤스부르크
이탈리아
베네치아

육상 실크로드

러시아

모스크바

튀르키예
이스탄불

카자흐스탄
알마티 우루무치

베이징

그리스
아테네

이란
테헤란

중국
시안

푸저우

인도
콜카타

광저우

케냐
나이로비

아라비아해

스리랑카
콜롬보

인도네시아
자카르타

태평양

해상 실크로드

인도양

XUE LONG

북서 항로

북동 항로(1만 5천 킬로
미터, 약 30일 걸림)

배링 해협

북극해

북극

네덜란드

러시아

수에즈 운하

한국
(부산)

태평양

현재 항로(2만 2천 킬로
미터, 약 40일 걸림)

중국

인도

인도양

현재 북극 항로는 북서 항로와 북동 항로가 있다. 한국도 북동 항로를 이용하면 이전보다 더 빨리 유럽에 이를 수 있어 항로 개척에 큰 관심을 갖고 있다.

닷길입니다. 한국도 북극해를 이용하면 기존 항로를 이용할 때보다 더 빨리 유럽에 이를 수 있습니다. 물류 이동 시간과 물류비도 크게 줄어들죠.

이뿐인가요. 해빙이 녹으면서 이전에는 접근할 수 없던 북극해 해저도 탐사할 수 있게 되었습니다. 깊은 바닷속에 매장된 광물 자원들을 캐낼 수 있게 된 겁니다. 굳게 닫혀 있던 보물 상자의 자물쇠를 쥐게 된 셈이죠.

문제는 이 자원들을 탐내는 나라가 한둘이 아니라는 겁니다. 북극해 연안국인 러시아·미국·캐나다·노르웨이·덴마크는 자국의 배타적 경제 수역 이상의 더 넓은 바다에 대한 권리를 주장하고 있습니다. 특히 러시아는 북극해 연안에 군사 기지를 건설하고 쇄빙선을 추가로 건조하는 등 북극 지역 개발에 아주 적극적입니다. 이런 러시아를 중국이 의식한 것일까요. 중국은 북극해 연안국이 아닌데도 북극에 가깝다고 주장하며 북극 항로 개발과 자원 탐사에 큰 관심을 보이고 있습니다.

평화의 바탕 '남극 조약'

남극 상황은 북극과는 사뭇 다릅니다. 남극은 얼어붙은 바다가 아니죠. 두꺼운 얼음으로 뒤덮인 거대한 대륙입니다. 이 대륙은 '남극 조약'에 의해 관리되고 있습니다. 남극 조약은 1959년에 아르헨티나·오스트레일리아·벨기에·칠레·프랑스·일본·뉴질랜드·노르웨이·남아프리카공화국·소련(현재 러시아)·영국·미국 12개국이 체결한 국제 협약입니다. 이 협약으로 남극은 오로지 평화적이고 과학적인 목적으로만 이용하게 되어 있습니다.

왜 이런 협약을 맺었을까요? 남극이 자기네 땅이라고 우기는 나라들이 등장해서지요. 1950년대까지 아르헨티나·오스트레일리아·칠레·프랑스·뉴질랜드·노르웨이·영국 등이 남극에 대한 영유권을 주장하면서 갈등을 빚었습니다.

남극 조약에 따라 남극에서는 군사 기지 건설, 군사 훈련, 핵실험, 방사성 폐기물 폐기 등이 엄격히 금지됩니다. 1991년에는 남극 조약을 보완하는 〈남극 환경 보호 의정서〉가 채택되었습니다. 2048년까지 남극에서 광물 자원 탐사와 개발을 금지하는 것이 핵심 내용입니다. 이런 합의와 노력 덕분에 남극은 지금까지 세계 과학자들이 모여 순수하게 연구할 수 있는 곳으로 남아 있습니다.

남극에도 석유·천연가스·석탄·철광석·구리 등 다양한 광물 자원이 상당량 묻혀 있으리라 추정됩니다. 비록 현재는 조약으로 금지해 놓았지만, 훗날 지구상의 다른 자원이 고갈된다면, 그리고 무엇보다 남극 조약이 개정된다면 어떻게 될까요? 중국·러시아·인도 같은 국가들은 약속한 2048년 이후면 조약 내용이 달라질 수 있다고 여겨 은밀히 남극의 자원을 탐사하고 있습니다. 당장은 평화로워 보이지만 남극 역시 미래의 자원 전쟁 격전지가 되지 않으리라 장담할 수 없지요.

러시아는 세계 최초의 원자력 쇄빙선을 건조하는 등 세계 최고의 쇄빙선 건조 기술을 보유하고 있다. 쇄빙선도 가장 많이 보유하고 있다. 북극에 최첨단 방공망과 핵추진 잠수함 등을 배치하는 등 군사적으로도 앞서가려고 한다. 미국과 캐나다, 노르웨이, 덴마크(그린란드 포함) 등 북극해 연안국들은 러시아가 세력을 넓히지 못하게 협력 중이다. 남극에선 조약이 이런 경쟁을 막고 있지만, 언제 조약 내용이 바뀔지 알 수 없다. 북극과 남극을 탐사하는 것은 인류와 지구를 이롭게 할까, 열지 말아야 할 판도라의 상자를 여는 일이 될까. 사진은 북극에 건설된 러시아 군사 기지 노던 클로버Northern Clover

자원의 보고냐, '판도라의 상자'냐

남극과 북극은 지구상에서 기후 변화를 가장 빠르고 민감하게 받는 곳입니다. 이곳의 얼음이 녹으면 해수면이 상승하고 생태계가 파괴되는 등 기후 위기가 극심해집니다. 광물 자원을 개발한다는 이유로 극지방에 손을 대면, 지구 전체가 치명적인 환경 재앙을 겪을 수 있는 거지요. 예를 들어 남극이나 북극에서 뽑아 올린 원유를 싣고 가던 유조선의 기름이 유출된다면 그 한 번의 사고만으로도 지구는 회복할 수 없는 상처를 입을 수 있습니다. 차가운 바다와 얼음 위에서는 기름 제거 작업이 훨씬 더 어렵고, 한 번 파괴된 생태계는 복원되는 데 수백 수천 년이 걸릴 수 있으니까요.

이처럼 극지방은 인류에게 남은 마지막 자원 보고이자 섣불리 건드려서는 안 될 판도라의 상자인 것이죠. 그러므로 극지방에서 벌어지는 자원 경쟁은 단순히 경제적인 이익 다툼이 아닙니다. 지구 환경의 미래와 국제 사회의 평화가 걸린 매우 중요한 문제입니다.

자원 전쟁이란 주제를 놓고 아프리카 대륙에서 출발해 극지방까지 다다랐습니다. 하지만 인류는 여기서 욕망을 멈추지 않습니다. 이제 그 시선을 우주로 향합니다. 달의 자원, 소행성의 금속, 그리고 화성까지 욕망합니다. 다음 자원의 격전지를 찾아 지구를 넘어 우주로 나아가고 있습니다.

에필로그

일본은 왜 달에 갔을까

 1941년 일본 해군 조종사 다나카 겐지 이야기로 책을 시작했습니다. 일본이 태평양전쟁을 일으킨 이면엔 '석유'가 있었다는 얘기였습니다. 80여 년이 지난 지금, 21세기의 일본은 과거와 전혀 다른 모습으로 세계를 놀라게 하고 있습니다. 2024년 1월, 일본은 무인 달 탐사선 슬림SLIM, Smart Lander for Investigating Moon을 달에 성공적으로 착륙시켰습니다. 세계에서 5번째로 달 착륙에 성공한 나라가 되었죠. 일본은 왜 달에 갔을까요? 이번에도 이유는 비슷합니다. '자원'을 확보하기 위해서입니다.

달에 착륙한 일본

과거의 일본이 동남아시아의 유전을 탐냈다면, 지금의 일본은 '달'에 주목하고 있습니다. 다른 나라들이 그러하듯이 말이죠. 과학 기술이 발전해 실제로 달을 본격적으로 탐사할 날이 머지않았습니다. 달은 이제 더는 문학에서 즐겨 쓰는 은유의 대상이 아닙니다. 달에는 미래 인류에게 중요한 자원들이 풍부하게 묻혀 있을 가능성이 크다고 합니다.

현재 가장 주목받는 것은 달의 극지방 그늘진 분화구 등에 얼음 상태로 존재할 것이라 예상되는 물 자원입니다. 물은 생명체가 살아가는 데 꼭 필요하죠. 미래에 달을 인류의 새로운 거주지로 개발한다면 꼭 필요한 것이 물인 만큼 관심이 아주 큽니다. 또한 물은 로켓 연료로 사용될 수 있어 달을 화성 등 더 먼 우주로 나아가는 '우주 항구'로 만드는 데 결정적인 조건이 될 수 있습니다. 물을 분해하면 수소와 산소를 얻을 수 있는데, 수소와 산소는 로켓의 액체 연료 즉 추진제로 쓰입니다.

또 달 표면에는 태양풍으로 인해 수십억 년간 쌓인 헬륨-3라는 특별한 원소가 풍부하다고 합니다. 헬륨-3는 미래에 핵융합 기술이 실용화될 경우 연료로 사용할 수 있습니다. 현재의 원자력 발전소는 핵분열로 에너지를 얻는데, 핵융합으로 에너지를 얻으면 훨씬 안전하고 깨끗하게 대량의 에너지를 생산할 수 있다고 합니다.

이외에도 달에는 지구에선 귀한, 희토류나 티타늄 같은 광물 자원도 상당량 존재할 가능성이 있다고 합니다. 물론 실제 얼마나 매장되어 있는지, 설령 채굴하더라도 그 자원들이 얼마나 쓸모가 있을지 등은 아직 알 수 없지만요. 그럼에도 엄청난 잠재력 때문에 여러 강대국이 달 자원을 선점하려 경쟁하고 있습니다. 즉 '우주 자원 전쟁' 시대로 들어선 것이죠.

'우주 자원 전쟁' 시대로!

일본의 달 착륙은 우주 자원 전쟁의 신호탄일 것입니다. 일본뿐만이 아닙니다. 미국은 달 탐사뿐만 아니라 달 기지 건설을 추진하고 있습니다. 중국은 달 뒷면에 착륙해 달 토양 샘플을 가져오는 데 성공했고, 러시아 등과 손잡고 달 남극에 국제달연구기지를 건설할 계획도 갖고 있습니다. 인도 역시 달 남극 착륙에 성공했고요.

한국도 달 궤도선 다누리호를 성공적으로 달 궤도에 진입시켜 달을 탐사하고 있습니다. 다누리호는 2022년 8월 5일에 발사되었는데, 달 궤도에 진입해 달의 앞면과 뒷면을 포함한 전체 지도를 완성했고, 물 분포·자기장 등 다양한 탐사를 진행하고 있습니다. 다누리호는 2027년까지 임무를 이어 갈 예정입니다.

국가끼리만 경쟁하는 것이 아닙니다. 스페이스X SpaceX, 블루오리진

Blue Origin, 버진 갤럭틱Virgin Galactic 같은 민간 우주 기업들까지 이 전쟁에 뛰어들었습니다.

15세기 말 유럽인들이 새로운 대륙을 찾아 나섰듯이 이제 인류는 지구라는 행성을 넘어 달과 화성 등 우주의 다른 곳에서 새로운 자원을 찾고 있습니다. '우주 개척 시대'가 열린 것이죠.

자원은 인류 문명을 이끌어 온 원동력이자 인류의 욕망을 비추는 거울이기도 합니다. 자원을 향한 탐욕은 문명을 발전시켰고 또 그 문명을 스스로 위태롭게 만들기도 했습니다. 앞으로 인류는 한정된 지구 자원과 기후 위기 그리고 우주라는 새로운 가능성 앞에서 자원을 어떻게 나누고, 어떻게 지속 가능한 길로 써 나갈 것인지에 대해 답해야 합니다. 어려운 질문입니다. 어쩌면 이 질문에 대한 답을 찾아가는 과정이 인류의 미래를 결정할 마지막 '자원 전쟁'이 될지 모르겠습니다.

이미지 출처

- Wikimedia Commons : 26, 34, 72, 73, 77, 88, 108, 123, 126, 136, 144, 156, 159, 174, 181, 188, 193쪽
- GettyimagesKorea : 28, 38, 40, 43, 52, 84, 100, 117, 146, 168쪽
- Shutterstock : 22, 30, 90, 115, 127, 152, 164쪽
- 연합뉴스 : 64쪽
- 국가기록원 : 97쪽

※ 저작권자를 찾지 못한 사진은 저작권자가 확인되는 대로 저작권료를 지불하겠습니다.

꼬리에 꼬리를 무는 자원 전쟁 이야기

초판 1쇄 발행 2025년 12월 30일

지은이 | 안민호
펴낸이 | 김연우
펴낸곳 | (주)태학사
등록 | 제406-2020-000008호
주소 | 경기도 파주시 광인사길 217
전화 | 031-955-7580
전송 | 031-955-0910
전자우편 | thspub@daum.net
홈페이지 | www.thaehaksa.com

편집 | 조윤형 여미숙 김태훈
마케팅 | 김민선
경영지원 | 김영지

ⓒ 안민호 2025. Printed in Korea.

값 17,000원
ISBN 979-11-6810-399-3 43900

"주니어태학"은 (주)태학사의 청소년 전문 브랜드입니다.

책임편집 여미숙
디자인 이유나